Mit den Ohren sehen

Audioguides und Hörstationen in Museen und Ausstellungen

DKV

Mit den Ohren sehen

Audioguides und Hörstationen in Museen und Ausstellungen

Herausgegeben
von Hannelore Kunz-Ott

DEUTSCHER KUNSTVERLAG

MuseumsBausteine

herausgegeben für die
Landesstelle für die nichtstaatlichen Museen in Bayern
beim Bayerischen Landesamt für Denkmalpflege
von Michael Henker

Band 14

LANDESSTELLE
FÜR DIE NICHTSTAATLICHEN
MUSEEN IN BAYERN

Redaktion:
Ilona von Mariassy, Nina Brakhahn

Auf der Innenseite des rückwärtigen Umschlags finden Sie eine CD mit Hörbeispielen.

Dieses Symbol verweist auf Hörbeispiele auf beiliegender CD.

Bibliografische Information der Deutschen Bibliothek
Die Deutsche Bibliothek verzeichnet diese Publikation in der Deutschen Nationalbibliografie; detaillierte bibliografische Daten sind im Internet über <http://dnb.d-nb.de> abrufbar.

Projektleitung im Verlag: Rudolf Winterstein
Gestaltung des Umschlags und des CD-Etiketts: arthleten visual design, München

Satz, Layout und Repro: Deutscher Kunstverlag
Druck und Bindung: DZA Druckerei zu Altenburg GmbH, Altenburg

Schrift: Myriad Pro

ISBN 978-3-422-07077-6

Inhalt

Geleitwort 9
Michael Henker

I Grundlagen und Reflexionen

Warum »Mit den Ohren« sehen? Anmerkungen zum Zuhören 13
Marion Glück-Levi

Hören, was es zu sehen gibt. Zum Einsatz von Audioguides 17
Hannelore Kunz-Ott

Ein Überblick: Zum Einsatz von Audioguides und PDAs in deutschen Museen 23
Andrea Prehn

Eine Ausstellung hören? Über Notwendigkeit und Qualität von Audioguides 27
Holger Schulze, Hanna Buhl

Ein Audioguide entsteht. Anspruch und Wirklichkeit 33
Uta Piereth

Von Tante Schnägg, Ufos und springenden Pferden.
Audioguides von, mit und für Kinder und Jugendliche 39
Hannelore Kunz-Ott

Deutschsprachige Anbieter im Vergleich. Vielfalt in der Branche 43
Holger Schulze, Hanna Buhl

II Ideen und Anregungen

Audioguide selbstgemacht.
Module zur Entwicklung eines Audioguide-Projekts mit einer Gruppe 49
Elke Dillmann

Wer hat Angst vor Sound? Zur akustischen Umsetzung von Inhalten 55
Max Ackermann

Elemente zur Gestaltung von Hörstücken. Ein Methoden-Glossar 59
Elke Dillmann

Ein Blick in die Zukunft. Die Technik und was sich daraus machen lässt 63
Markus Melcher

Mobile Computing: Der Audioguide wird flügge 67
Sybille Greisinger

III Projektbeispiele

Audioguides in Landesausstellungen. Die Entwicklung im Haus der Bayerischen Geschichte 81
Rainhard Riepertinger

Für Besuchermassen – für Kinder – über die Mauer. Drei Beispiele aus Berlin 87
Andrea Prehn

Gebärdensprachenführer im Museum.
Ein Pilotprojekt in den Kunstsammlungen der Veste Coburg 93
Klaus Weschenfelder

Das springende Pferd. Ein Audioguide von Kindern für Kinder im Franz Marc Museum 97
Cathrin Klingsöhr-Leroy

Ich sehe was, was du nicht siehst.
Ein generationenübergreifendes Audioprojekt im Museum Deutscher Fayencen 101
Tanja Kohwagner-Nikolai

Der Jugend zuhören. Audioguides von und für Jugendliche im Naturkundemuseum Ostbayern 105
Mareike Goetz

Mehr als nur Hören. Der Multimediaguide für das Deutsche Hopfenmuseum 109
Christoph Pinzl

Jugendliche erzählen Geschichte.
Ein Audioguide für das Dokumentationszentrum Reichsparteitagsgelände 115
Max Ackermann

Bizarre Begegnung: Das sprechende Bild. Drei verschiedene Audioguides für eine Ausstellung 119
Gisela Geiger

Münchner Baugeschichten: Ein Architekturführer durch die bayerische Landeshauptstadt 123
Katharina Funk

Mainlimes Mobil. Ein mobiles archäologisches Informationssystem für ein Welterbe 127
Erik Dobat, Sandra Walkshofer, Christof Flügel

IV Anhang

Literaturverzeichnis 135
Ausgewählte Links 138
Autorenverzeichnis 140
Abbildungsnachweis 143
Verzeichnis der Hörbeispiele auf der CD 145

Geleitwort

Michael Henker

Audioguides sind in den letzten Jahren in größeren Museen und Ausstellungen ein selbstverständliches Angebot für Besucher geworden. Aber auch kleinere Häuser bieten ihrem Publikum immer häufiger akustisch gestaltete Ausstellungsrundgänge an. Audioguides liefern wichtige Informationen zum Ausstellungsthema und zu Leitobjekten und sie können das in vielen verschiedenen Sprachen – ein sinnvolles Angebot für ausländische Besucher. Ob als kompaktes Hörgerät oder als elegantes Smartphone, mit oder ohne Display, man sieht sie am Ohr sowohl von jungen als auch von älteren Besuchern. Das Publikum nimmt diese Angebote gerne wahr, kann es doch in aller Muße die Ausstellungsstücke betrachten und erfährt sozusagen nebenbei z.B. Lebensdaten zum Künstler oder erhält Informationen zur Herstellung oder Funktion eines Ausstellungsobjektes. Der Besucher wird eingeführt in geschichtliche Zusammenhänge oder stilistische Einordnungen und das oftmals auf unterhaltsame Weise. Lange Texttafeln müssen nicht mehr gelesen werden, es bleibt mehr Zeit sich den Exponaten zu widmen.

So vielfältig das Angebot an Audioguides oder Multimediaguides mit ihren Bild- und Filmbeispielen auch ist, so unterschiedlich ist die Qualität der Hörstücke selber. Auf der einen Seite wächst die Zahl der professionellen Anbieter, auf der anderen – der Museumsseite – steigt die Unsicherheit gegenüber der Vielfalt der technischen Umsetzungsmöglichkeiten und den sich wandelnden und steigenden Erwartungen der Museumsbesucher.

Die Landesstelle für die nichtstaatlichen Museen in Bayern hat es daher an der Zeit und ihrem Beratungsauftrag angemessen empfunden, sich diesem Thema zu widmen. Wir wollen den derzeitigen Stand in der deutschsprachigen Museumslandschaft wiedergeben, haben Fachleute mit langjähriger Erfahrung um ihre Expertise gebeten und können somit die notwendigen Planungs- und Arbeitsschritte benennen, die bei der Realisierung von Audioguides notwendig sind.

Uns ist sehr wohl bewusst, wie schnelllebig gerade der technische Sektor auf diesem Gebiet ist. Mit der rasanten Weiterentwicklung der Hardware entwickelte sich aber auch die inhaltliche Seite weiter, da Vieles heutzutage technisch umsetzbar und zugleich bezahlbar ist, was vor wenigen Jahren nur mit einem großen Einsatz von Finanzmitteln und einem großen Mitarbeiterstab realisierbar und finanzierbar war. Trotzdem haben wir uns zu dieser Publikation entschlossen, auch wenn die thematische Aufarbeitung nicht umfassend und endgültig ist und sein kann. Vielmehr ist sie eine Art Zwischenbilanz, in der über den aktuellen Stand der Geräte und über deren Verbreitung in der deutschen Museumslandschaft berichtet wird. Neben solchen Erfahrungsberichten werden in unserer Publikation die derzeitigen Chancen und Möglichkeiten ausgelotet, aber auch Grenzen von Audioguides benannt und Produkte für verschiedene Zielgruppen vorgestellt. Darüber hinaus werden unterschiedliche Herangehensweisen und Herstellungsprozesse von Audioguides beschrieben.

Eine Bewertung darf beim Thema Audioguides nicht fehlen: Keinesfalls soll sein Einsatz die personale Museumsführung, deren Qualität in der Dialogfähigkeit und vielem anderen unbestritten fortbesteht, ersetzen. Wohlverstanden und optimal eingesetzt konkurrieren die beiden Formate nicht, sondern stellen eine gegenseitige Ergänzung und Erweiterung der Angebote für die Besucher dar.

Die Landesstelle hat kompetente Museumskolleginnen und -kollegen sowie Experten aus Forschung und Medienwelt gewonnen, die über ihre Erfahrungen bei der Herstellung und beim Gebrauch von Audioguides berichten. Einen Schwerpunkt im vorliegenden Band aus der Reihe MuseumsBausteine stellen jene Kinderaudioguides dar, die nicht nur Kinder erfreuen, sondern phantasievolle Zugänge schildern, zumal dann, wenn Kinder und Jugendliche diese Audioguides selber produzierten.

So verdankt sich dieser MuseumsBaustein auch der guten Zusammenarbeit mit der Stiftung Zuhören, die 2008 an die Landesstelle herantrat und die Idee von selbst entwickelten Audioguides vorstellte. Das Ziel der Stiftung ist seit nunmehr zehn Jahren die Förderung des Zuhörens als Kulturtechnik und Kulturgut in unserer Gesellschaft, zugleich will sie aber auch die Medienkompetenz von Kindern und Jugendlichen fördern und stärken. Gemeinsam mit der Stiftung Zuhören hat die Landesstelle für die nichtstaatlichen Museen in den Jahren 2008 bis 2010 das Modellprojekt »Mit den Ohren sehen – Audio- und Videoguides von Jugendlichen für Jugendliche in bayerischen Museen« durchgeführt.

Die Schülerinnen und Schüler gingen in Museen auf Entdeckungsreise und setzten sich intensiv mit Exponaten auseinander. Sie eigneten sich Medienkompetenz an und gestalteten innovative Hörstücke, die über das Projekt hinaus wirksam sind und nachhaltig dem Museumspublikum zur Verfügung stehen. Mit der Erstellung dieser kreativen und phantasievollen Audioguides und Videofilme haben Jugendliche neue Zugänge zu Museen erschlossen.

Für die gute und intensive Kooperation mit der Stiftung Zuhören danke ich herzlich. Ein besonderer Dank geht in diesem Zusammenhang auch an die Bayerische Sparkassenstiftung, ohne deren finanzielle Unterstützung eine Durchführung der Projekte nicht möglich gewesen wäre. Den Autorinnen und Autoren der Beiträge danke ich herzlich für ihre Berichte aus Theorie und Praxis. Wir sind überzeugt, damit ein für die Museumspraxis hilfreiches Handbuch vorlegen zu können. Einrichtungen, die bereits Erfahrungen mit dem Einsatz von Audioguides haben, bekommen einen Überblick zum Entwicklungsstand. Museen, die sich bisher noch nicht diesem Thema gewidmet haben, erhalten einen ersten Einblick und eine fundierte Einführung und vielleicht die entscheidenden Impulse, auch für ihr Museum einen Audioguide zu produzieren.

Dr. Michael Henker

Leiter der Landesstelle
für die nichtstaatlichen Museen in Bayern

I Grundlagen und Reflexionen

Warum »Mit den Ohren« sehen?

Anmerkungen zum Zuhören

Marion Glück-Levi

Es gibt keinen Tag, an dem wir nicht zuhören wollen oder zuhören müssen. Das erklärt vielleicht auch, dass Menschen dann, wenn man sie fragt, was sie besonders gut können, besonders häufig sagen, sie können gut zuhören. Doch diese Selbsteinschätzung hält in den allermeisten Fällen keiner Überprüfung stand. Aber weil uns Zuhören und Hören so selbstverständlich erscheinen, haben wir uns auch daran gewöhnt, Zuhören als eine Fähigkeit zu betrachten, die jeder kann. Ganz nach dem Motto, dass Zuhören nebenbei entsteht, von selbst erworben und »automatisch gelernt« wird. Vielleicht entsteht diese Einschätzung auch dadurch, dass es zunächst zumindest in Teilen so ist, denn das Ohr ist das am frühesten ausgebildete Organ des Menschen – schon mit viereinhalb Monaten ist das Ohr des Embryos vollständig entwickelt. Das Ohr ist gleichsam das erste Tor des Menschen zur Welt. Andererseits macht gerade das auch deutlich, wie wichtig dieses Organ und dieser Sinn und die damit verbundenen Fähigkeiten sowohl für den Menschen als auch seine kognitive und emotionale Entwicklung sind.

Das Ohr als funktionales Sinnesorgan

Das Neugeborene nimmt vom ersten Moment an Kontakt mit seiner Umwelt auf. Es sind dabei vor allem der Gehörsinn und die auditiven Sinneseindrücke aus der vorgeburtlichen Zeit, die ihm helfen, in der Welt Sicherheit zu finden. Und das Neugeborene bekommt viel zu hören: Die vertraute Stimme der Mutter, unterschiedliche Menschen miteinander im Gespräch, laute Schritte auf Steinfußboden, gedämpfte auf Teppich, das Sirren des Fernsehers oder das Brummen des Kühlschranks, das Klappern des Geschirrs, Musik oder aber auch mehr oder weniger entfernten Verkehrslärm.

Am wichtigsten aber ist für ein Neugeborenes die menschliche Stimme. Es kann sofort vertraute von fremden Stimmen unterscheiden, Klangfarben, Tonhöhen, Sprachrhythmus und Stimmmodulation erkennen. Lange bevor ein Kind Sprachverständnis hat, kann es verbale Botschaften, die es hört, entschlüsseln. Wir wissen, dass dieses Hinhören, diese Konzentration auf die kommunikative akustische Interaktion eine Grundvoraussetzung dafür ist, Sprechen zu lernen. Über das Ohr nimmt ein Kind auch Fühlen und Denken anderer in sich auf. Das Ohr ist auch das erste Tor zu den Emotionen – zu den eigenen und denen der anderen.

Henning Scheich, Professor für Neurobiologie und wissenschaftlicher Direktor des Leibniz-Institutes für Neurobiologie in Magdeburg hat in einem Vortrag[1] eindringlich darauf hingewiesen, dass nichts unsere Vorstellungskraft und Phantasie so befördere wie das Hören. Anhand komplexer Versuchsanordnungen aus der neurowissenschaftlichen Forschung demonstrierte er, dass Hören zutiefst in die kognitiven Fähigkeiten eingreift und die Lernprozesse erheblich fördert. Akustische Impulse – so die vorsichtige Beschreibung Henning Scheichs – aktivieren Hirnareale und Synapsen, die als grundlegend für die menschliche Abstraktionsfähigkeit angesehen werden, und diese wiederum sind eine Voraussetzung für Sprache. Hören ist laut Henning Scheich von Beginn an ein kreativer Prozess, denn wenn der Mensch die Ohren öffnet, sucht er auch sofort nach Sinn. Allerdings: Noch hat auch die Hirnforschung keine exakte Antwort darauf, wo und wann aus Schall Bedeutung wird. Das sei – so Scheich – als ob man fragen würde, wo die Seele im Gehirn sitze.

Klänge, Muster von Tönen wecken immer auch Assoziationen. Die meisten von uns kennen diese Erfahrung, wenn sie Musik hören. Fast immer wird man sich dabei ertappen, dass alle möglichen Gedanken und Assoziationen durch den Kopf gehen. Das Akustische – so auch die Bestätigung des Neurowissenschaftlers Scheich – regt ungeheuer an, frei über Zusammenhänge zu assoziieren. »Und das ist auch das, was die Akustik braucht, um Bedeutung zu konstituieren.«[2]

Es gibt ein altes indonesisches Sprichwort, das manches von dem, was die Hirnforschung heute zu ergründen und nachzuweisen versucht, vorwegnimmt und auch zusammenfasst, welche unterschiedliche – komplementäre – Wirkung unsere Sinne haben. Es sagt: »Das Auge ist der Spiegel, das Ohr ist das Tor zur Seele.«

Das Ohr als sinnliches Wahrnehmungsorgan

Wie unsere Sinne zusammenwirken, wie stark gerade akustische Eindrücke sich mit Bildern und Emotionen verbinden, uns so im Gedächtnis haften bleiben, davon gibt es zahlreiche Beispiele in der Literatur. Als ein Beispiel sei hier ein kleiner Ausschnitt aus den autobiografischen Erinnerungen Viktor Manns, des jüngsten Bruders von Thomas Mann, zitiert. Der kleine Viktor – noch nicht in der Schule – beschreibt seine ersten kleinen Ausflüge in die Freiheit, nämlich auf einen geheimen Aussichtsplatz auf der Gartenmauer und er erinnert sich vor allem an das, was er auf diesem Aussichtsplatz gehört hat:

»Ich verweilte im grellen Mittagslicht auf der Terrasse [...] und horchte hinaus. Von der Straße her kam das Hufeklappern und Rollen einer Droschke. Weiches Geräusch auf der noch ungepflasterten Fahrstraße, lauter und hart auf den Steinen des Übergangs an der nahen Ecke. Ich hörte die gleichen Töne oft nachts vor dem Einschlafen durch Jalousie und Fenster, darum konnte ich sie schon mit dunkleren und helleren Schnalzlauten nachahmen. Melodisches Pfeifen auf dem Hinterhof. Dort striegelten Offiziersburschen die Pferde ihrer Herren [...]. Allein sein! In die Welt hören!

Jenseits der Gartenmauer laute Rufe. Die Buben da drüben sicher sehr böse und gefährlich. Aber schön waren die Klänge, die aus einem der vielen Fenster kamen, und gar nicht fremd, denn sie rauschten ja täglich auch drinnen im Salon auf, wenn Mama am Flügel saß.

Fast noch schöner jedoch und akustisches Sinnbild dieses ersten Lauschens ins Leben hinaus waren verschieden abgestimmte glockenartige Töne, die als Nebengeräusche rhythmischen Stampfens aus vielen Küchen des Nebenhauses drangen: Klang der Messingmörser, in denen Hutzucker für den Kaffee zerkleinert wurde. Ein fröhliches Einläuten des geruhsamen Münchner Nachmittags [...].«[3]

Welch ein sinnenstarkes »Gemälde«, das zugleich bestätigt, was auch Henning Scheich erforscht hat. Aber nicht nur in Hinblick auf den Autor – auch der Leser erhält eine höchst lebendige, in vielfältiger Weise sinnliche Vorstellung von der Umgebung, in der der kleine Viktor im ausgehenden 19. Jahrhundert aufwuchs.

Das alles wissen wir, aber manchmal scheint es, als sei dieses Wissen im Alltag gar nicht präsent. Wir behandeln unsere Ohren nicht pfleglich, malträtieren sie mit Lärm. Einerseits – und andererseits nehmen die meisten Menschen heute die Welt vorrangig durch und mit den Augen wahr. Wir glauben ja beispielsweise auch, dass jede akustische Botschaft, jede akustische Wissensvermittlung visuell unterstützt werden muss, damit beim Rezipienten etwas ankommt. Die Frage ist nur, was kommt an und käme möglicherweise nicht viel mehr an, wenn wir unserem Ohr und damit auch der Fähigkeit des Zuhörens wieder mehr Achtsamkeit schenken würden. Würden nicht vielleicht dann auch – wenn wir es richtig machen – die Bilder wieder stärker wirken. Denn auch Sehen will und muss gelernt werden. Deshalb kann es auch nie um eine Konkurrenz der Sinne gehen, sondern um ein Ergänzen und Verstärken, um eine intensive und breite Schulung und Förderung eines differenzierten und differenzierenden Wahrnehmungsvermögens.

Vom Hören zum Zuhören

Die Fähigkeit hinzuhören wird uns also eigentlich in die Wiege gelegt, doch tun wir kaum etwas, um sie zu pflegen, um sie zu schulen und zu fördern. Dass dies nicht ohne Folgen bleibt, erkennen wir allmählich. Zum Beispiel dann, wenn beklagt wird, dass sich viele Kinder schlechter konzentrieren und weniger wahrnehmen können, sich leicht ablenken lassen, sprachliche Defizite haben oder keine Informationen behalten können. Und immer häufiger taucht gerade in der letzten Zeit beispielsweise auch auf den Wirtschaftsseiten der Zeitungen in den Analysen von Managementfehlern die Beobachtung auf, dass jemand nicht Zuhören kann. Erst dieser Mangel macht also allmählich klar, welche Schlüsselkompetenz das Zuhören ist.

Auch das wird in den meisten Fällen unterschätzt: Zuhören ist eine hoch komplexe, anspruchsvolle Fähigkeit.

Weil sie so komplex ist, ist eine der Grundvoraussetzungen dafür, zuhören zu können, so paradox es klingt – auch weghören zu können. Das Zuhören verlangt offenbar eine noch viel intensivere und wohl auch kompromisslosere Form der Aufmerksamkeit als das Zusehen. Zu diesem Schluss kommt die Frankfurter Psychologin Margarethe Imhof in ihren Untersuchungen. In ihrem Buch »Zuhören. Psychologische Aspekte auditiver Informationsverarbeitung«[4] definiert sie Zuhören als die Fähigkeit der Selektion, Organisation und Integration verbaler und nonverbaler Aspekte akustisch vermittelter Information. Im Alltag geht es dabei vor allem um akustische Informationen, die wir kognitiv verarbeiten müssen, um zu lernen und uns miteinander zu verständigen. Zuhören ist also alles andere als ein passiver Vorgang, sondern höchst aktiv.

Ansprüche an das Zuhören

Was muss ein guter Zuhörer können? Er muss akustische Informationen erkennen, entschlüsseln und interpretieren. Er muss die neuen Informationen mit schon bekannten vergleichen und sie in sein Gedächtnis einordnen. Wenn dies nicht geschieht, fallen die Informationen im wahrsten Sinne des Wortes durch ein Sieb. Wer zuhören kann, muss in der Lage sein, Informationen so aufzunehmen, dass er sie behalten, wiedergeben und danach handeln kann. Wenn ich gut zuhöre, muss ich mich gleichzeitig auf Nachfragen und Antworten vorbereiten und dabei auch das Umfeld wahrnehmen. Also die Bewertung von Blicken, Mimik, Gestik und natürlich der Stimme gehören in gleicher Weise zum Zuhören. Das alles geschieht erstaunlicherweise gleichzeitig.

Allein diese verkürzte Wiedergabe all dessen, was beim Prozess des Zuhörens stattfindet, macht deutlich, wie umfassend dieser Vorgang ist, und dass die komplexe und aktive Leistung sich nicht automatisch und ganz nebenbei entwickelt, sondern gelehrt und gelernt werden muss.

Margarethe Imhof beschreibt auch, dass unser psychisches System unter bestimmten Voraussetzungen Schwierigkeiten hat, optische und akustische Reize gleichzeitig zu verarbeiten. Wenn sie zu unterschiedliche Informationen enthalten, führen die optischen Reize dazu, dass die akustischen Botschaften nie ins Langzeitgedächtnis gelangen, uns also letztlich nicht zur Verfügung stehen. In unserer sehr stark visuell geprägten Welt verdrängen aber die optischen Eindrücke häufig die akustischen. Eben auch deshalb, weil die Bilder die Informationen für das Ohr nicht unterstützen. Auf der anderen Seite können gerade auf Grund dieser Erkenntnisse und Erfahrungen visuelle Eindrücke durch akustische Informationen verstärkt werden, wenn sie entsprechend aufeinander abgestimmt sind. Mit Blick auf die Audioguides kann das beispielsweise bedeuten: Bilder, zu denen Geschichten erfunden und erzählt werden, prägen sich anders, tiefer ein.

Sinneserfahrungen müssen und können sich gegenseitig verstärken: Farben können klingen, ein Klang kann eine Farbe haben, ein Geräusch kann bestimmte emotionale Assoziationen hervorrufen und ein inneres Bild entsteht, Gesehenes kann sich mit akustischen Vorstellungen verbinden und Klänge oder Geräusche können sogar gleichsam in der Nase kitzeln, sich mit einem bestimmten Geruch verbinden und umgekehrt.

Wer Zuhören kann,
- erschließt sich schneller komplexe Zusammenhänge,
- weiß, die richtigen Fragen zu stellen,
- zeigt Interesse, Achtung und Wertschätzung,
- schafft eine Kultur des konstruktiven und effizienten Dialogs,
- kann Konflikte schneller lösen,
- lernt Wichtiges vom Unwichtigen unterscheiden und
- öffnet viele Türen zur kulturellen und gesellschaftlichen Teilhabe.

Zuhören ist eine Kunst und eine Tugend, die erlernt werden muss, wenn Menschen Großes bewegen wollen, hat der Philosoph Georg Gadamer es einmal sinngemäß zusammengefasst.

Bedeutung des Zuhörens

Zuhören kann und muss man lehren und lernen. Dies zu tun und darüber hinaus zunächst ein breites Bewusstsein für die Bedeutung des Zuhörens als eine grundlegende kulturelle Kompetenz zu schaffen, hat sich die Stiftung Zuhören zum Ziel gesetzt. Zuhören lernen lässt sich am besten und intensivsten durch selbst erlebte Praxis – so die Erfahrung aus vielen Projekten der Stiftung Zuhören. Deshalb folgen viele Projekte dem Grundsatz »Hören lernen durch Hören machen« oder anders gesagt: Wer etwas zum Zuhören macht, lernt nicht nur zu hören und zuzuhören, sondern vieles mehr. Zum Beispiel soziale Kompetenz, Sprach- und Sprechvermögen, er steigert seine Kreativität und stärkt seine Persönlichkeit, erweitert seine Kommunikationsfähigkeit, festigt sein Selbstbewusstsein, intensiviert seine Wahrnehmung und Sinneskompetenz, vergrößert sein Wissen und vieles mehr…

Die akustische Aufbereitung und Umsetzung von Inhalten vermag dabei auch ein Lernklima zu schaffen, das einerseits alle Aspekte selbst gesteuerten Lernens abdeckt und andererseits quasi durch die Hintertür den Blick auf Inhalte öffnet, die sonst durch eine zu hohe Schwelle versperrt scheinen.

Die Stiftung Zuhören konnte aus vielen Projekten erfahren, dass die Beschäftigung mit den unterschiedlichsten Themen auf dem Weg der akustischen Gestaltung nicht nur einen grundlegenden Beitrag zur dringend erforderlichen Medienkompetenz leistet, sondern auch ein Erfahrungsfeld bietet, auf dem junge Menschen viele wirkliche Schlüsselkompetenzen lernen können.

Projekte wie beispielsweise die Entwicklung und Produktion eines »Audioguides« können jungen Menschen die grundlegende Erfahrung vermitteln, was es heißt, mit den Ohren zu sehen, aber auch mit den Augen zu hören, und ihnen damit die Tür zur kulturellen Teilhabe weit öffnen.

Wie heißt es so schön: Ein Bild sagt mehr als 1000 Worte.

Anmerkungen

1 Henning Scheich: Am Anfang war das Hören – Eine Kulturtechnik aus Sicht der Neurobiologie, Vortrag gehalten am 2.5.2007 in Kloster Banz.
2 Henning Scheich: Jahresbericht 04/05 der Abteilung Akustik, Lernen, Sprache, Magdeburg, S. 12ff.
3 Viktor Mann: Wir waren fünf. Bildnis der Familie Mann, Frankfurt am Main, 2010, S. 22f.
4 Margarete Imhof: Zuhören. Psychologische Aspekte auditiver Informationsverarbeitung, Edition Zuhören, Band 4, Göttingen, 2003.

Hören, was es zu sehen gibt

Zum Einsatz von Audioguides

Hannelore Kunz-Ott

»Durch die Ausstellung ›Die schönsten Franzosen kommen aus New York‹ in der neuen Nationalgalerie in Berlin ließen sich 250.000 der insgesamt 677.000 Besucher von einem Audioguide führen.« Diese Meldung sowie die Information, dass sogar 90 % des Publikums sich »vom Mann im Ohr« durch die Ausstellung führen lassen, wenn der Audioguide im Eintrittspreis enthalten ist[1], zeigen die große Akzeptanz von Hörführungen in Museen und Ausstellungen.

In großen Sonderausstellungen und in Museen von Weltrang gehören Audioguides fast schon zum Standardangebot. Aber auch in kleineren Häusern setzt sich dieses Medium mehr und mehr durch. Eine Umfrage der Landesstelle für die nichtstaatlichen Museen in Bayern 2004 ergab, dass von 735 Museen in Bayern 15 Häuser (2 %) Audioguides einsetzten. Das Ergebnis der jüngsten Umfrage von 2010 zeigt einen deutlichen Anstieg: von 904 bayerischen Museen verfügen mittlerweile 67 Häuser (7,4 %) über akustische Führungssysteme.

Welche Gründe sprechen für einen Audioguide?

Üblicherweise ist ein Museumsbesuch geprägt vom Schlendern durch die Ausstellungsräume, durch das Betrachten von Exponaten und das Lesen der dazugehörigen Texttafeln. Diese Erläuterungen geben notwendige Hintergrundinformationen zu den Ausstellungsstücken, setzen diese in einen historischen Kontext, erläutern

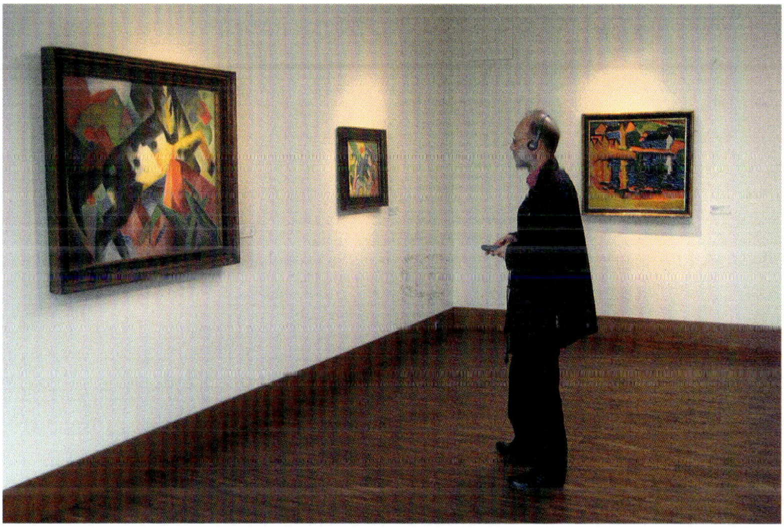

Zeit zum Betrachten der Kunstwerke und die Möglichkeit, sich frei im Raum zu bewegen, sind Vorteile eines Audioguides.

evtl. die Herstellungstechnik, informieren über den Künstler und/oder den Besitzer sowie über die ursprüngliche Funktion. All diese Informationen zu lesen, dauert seine Zeit und muss auch noch unbequem im Stehen erfolgen.

Durch die Benutzung eines Audioguides kann sich der Besucher ganz auf das Betrachten konzentrieren, kann sich völlig auf das Schauen und Vergleichen der ausgestellten Exponate einlassen. Dazu erhält er fachgerecht und in der Regel anregend und unterhaltsam die notwendigen Erklärungen, kann sich dabei frei im Raum bewegen und seinen Rundgang auf diese Weise ganz individuell gestalten.

Besonders positiv bei der Benutzung eines Audioguides ist die längere Verweildauer in der Ausstellung: So ergab eine Befragung 2003 in der Tate Modern, dass 70% des Publikums mit einem Audioguide länger in der Ausstellung verweilten als Besucher ohne. Dies mag auch damit zusammenhängen, dass neben der reinen sprachlichen Sachinformation auch musikalische Beiträge, Klänge und Geräusche, unterschiedliche Sprecher, Interviews oder Hörspielformen ein abwechslungsreiches Hörstück ergeben. Somit wird nicht nur Faktenwissen vermittelt, sondern es werden auch Emotionen geweckt, also neben Sachinformationen auch Unterhaltung angeboten.

Zielgruppen

Welche Personengruppen nutzen diese medialen Vermittlungsangebote?

An erster Stelle sind hier *Einzelpersonen* und *Kleingruppen* zu nennen, deren individuellen Museumsbesuch der Audioguide mit seinen vertiefenden Erläuterungen ergänzt. Eine große Nutzergruppe sind *Jugendliche*, die mit neuen Medien vertraut sind und ungerne lange Textinformationen lesen wollen.

Bei *Senioren* kann man ganz unterschiedliche Verhaltensweisen feststellen: Während einige den Umgang mit den ungewohnten Geräten scheuen, benutzen andere, insbesondere die »Mehrfach-Besucher« und Kunstinteressierte bei ihrem Rundgang gerne die »Stimme im Ohr«.

Besonders sinnvoll ist ein Audioguide für ausländische Gäste. Fremdsprachige Textinformationen würden in gedruckter Form, parallel zu deutschen Texttafeln viel Platz in der Ausstellungsfläche einnehmen. Dieses Platzproblem kann durch den Audioguide aufgehoben werden, daher bieten sich akustische Führungssysteme natürlich insbesondere für *ausländische Touristen* an, die in englischer Sprache oder in ihrer Muttersprache die erforderlichen Informationen erhalten. Außerdem verfügen nur touristisch besonders frequen-

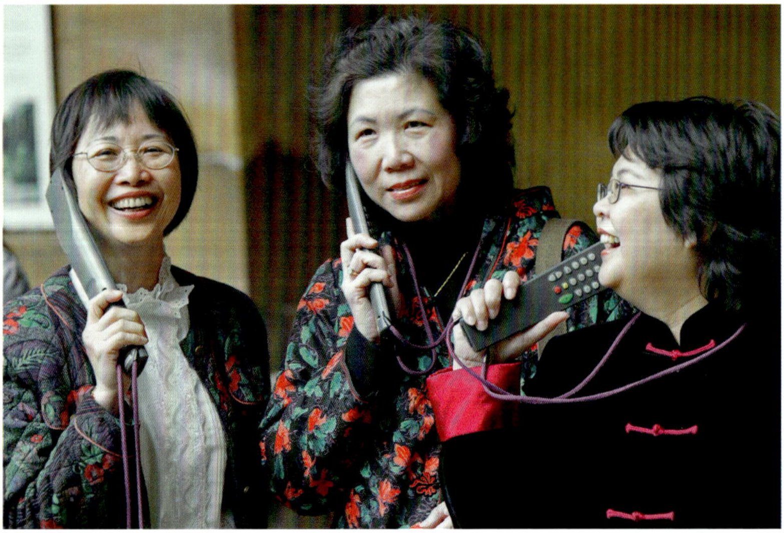

Fremdsprachige Informationen und Führungen sind mittels Audioguides leichter anzubieten.

tierte Museen und Ausstellungen über fremdsprachige Führungskräfte, ein medialer Audioguide ist daher also eine gute Alternative, auch für kleinere Häuser, etwa in Grenznähe zu europäischen Anrainerstaaten oder für Einrichtungen, deren Publikum einen hohen Migrationsanteil aufweist. Letztlich ist es eine Kostenfrage, in wie viele Sprachen die Hörbeiträge übersetzt werden können. So bietet derzeit das Jüdische Museum Berlin Hörführungen in acht Sprachen an. Über 100 Geschichten zu jeweils zwei Minuten kann man in der Ausstellung und zum Teil auch im Internet abrufen oder dort als MP3-Dateien anhören und herunterladen.

Barrierefreiheit

Immer mehr Museen möchten ihre Ausstellungen barrierefrei gestalten. Das betrifft auch die textliche Ebene. Mithilfe von technischen Möglichkeiten erfahren Menschen mit unterschiedlichen Einschränkungen Hilfe und Unterstützung bei ihrem Museumsbesuch. Das Beispiel eines Multimediaführers für Gehörlose in der Kunstsammlung der Veste Coburg wird in dieser Publikation ausführlich vorgestellt. [vgl. Beitrag Weschenfelder, S. 93–96]. Ein digitaler Museumsführer in deutscher Gebärdensprache auf einem PDA-Gerät (Personal Digital Assistant) zeigt Videos in deutscher Gebärdensprache, wodurch die Informationen zu etwa 200 Objekten und Räumen durch Eingabe einer am Ausstellungsstück angebrachten Nummer aufgerufen werden können. Insgesamt steht dem Besucher mit akustischen Einschränkungen ca. drei Stunden Videomaterial zur Verfügung, aus dem er eine Auswahl je nach seinem Interessensgebiet treffen kann.

Im Landesmuseum Mainz wurde 2007 ein Audioguide für sehbehinderte Besucher herausgegeben. Die Hörtexte legen besonderen Wert auf die plastische Beschreibung der Kunstwerke. Darüber hinaus wurden Exponate ausgewählt und im Audioguide beschrieben, die sich selbstverständlich unter Berücksichtigung museumsfachlicher Standards zum Betasten eignen. An diesen Stationen entsteht für den Hörer ein ganz besonderer Eindruck durch das Zusammenwirken von »Begreifen« und gleichzeitiger Erklärung des haptisch erfahrbaren Objektes.

Nach Auskunft der Audioguidehersteller werden diese speziellen Programme leider noch sehr selten in Auftrag gegeben, weil zurzeit auch die Nachfrage von Seiten der Nutzer zu gering sei.

Ton und Bild

Eine deutliche Zunahme ist bei Multimediageräten, dem PDA, festzustellen: Neben den akustischen Texten kann der Benutzer zusätzliche visuelle Informationen abrufen: vergleichende Bilder, Geräte und Maschinen in Aktion, Experten beim Interview oder historische Filmdokumente, Restaurierungsfotos u.v.a.m. Diese intensive Informationsvermittlung und die Möglichkeit zur Interaktion sowie Exponate mit »allen Sinnen« erfahrbar zu machen, waren die Gründe für die Entscheidung zum Einsatz dieser Technik.[2] Viele Museen reizt es, archiviertes Material und nicht zugängliche Objekte ergänzend im PDA aufzeigen zu können.

Kritiker befürchten in diesen Geräten eine Konkurrenz zu den ausgestellten Originalen. Sie monieren die kleinen Displays und die schlechte Lesbarkeit einerseits und die geringe Zeit für die Betrachtung der eigentlichen Exponate im Museum andererseits.

Einen interessanten Zusatzeffekt liefern Audioguides, die eine spezielle Software zur statistischen Auswertung des Besucherverhaltens verwenden. So erfährt das Museum, an wie vielen Stationen der Besucher das Gerät eingeschaltet, wie lange er bei den Texten verweilt und wie viele Vertiefungsebenen er »angeklickt« hat.

Vom Kommentar zum Hörspiel

Je nach Vermittlungsziel, inhaltlicher Konzeption und vorhandener Finanzmittel sind unterschiedliche methodische Umsetzungen in den Hörstücken festzustellen. Für viele Besucher enttäuschend sind jene Audioguides, in denen ein Spre-

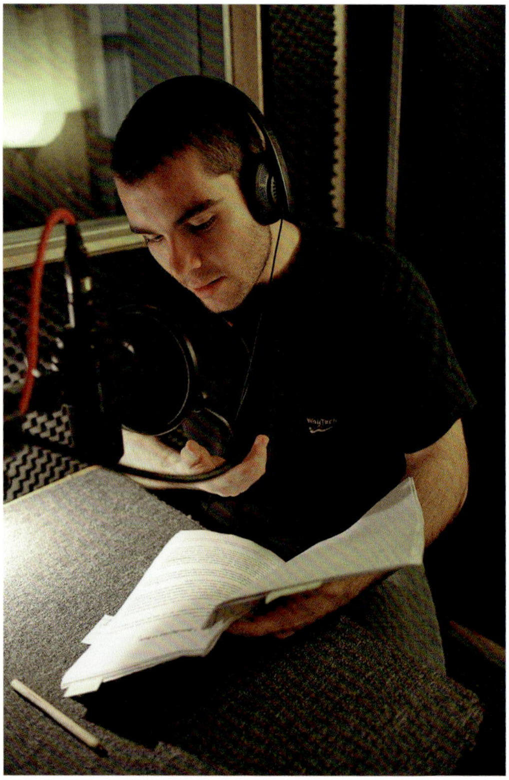

Professionelle Sprecher gestalten die Hörstücke lebendig und fördern die Aufmerksamkeit des Hörers.

cher oder eine Sprecherin einfach nur den Text der Informationstafeln aus der Ausstellung vorliest. Die Erwartungen des Publikums sind auch im Hinblick auf die dramaturgische Umsetzung der Audioguides gestiegen. Vom kommentierenden Text – vorgetragen von zwei professionellen Sprechern – ergänzt durch musikalische oder authentische, zeitgenössische O-Töne, Experteninterviews, Radiocollagen oder -features bis hin zu kleinen Hörspielen, hat sich inzwischen eine Vielfalt an methodischen Lösungen entwickelt. Besonders authentisch wirkt es, wenn beispielsweise Zeitzeugen, Künstler oder Handwerker zu Wort kommen und über ihre Erfahrungen oder ihre Arbeitsweise berichten. Eine kabarettistische Variante hat das Übersee-Museum in Bremen in Auftrag gegeben, wo komplexe Inhalte der neuen Dauerausstellung »Erleben, was die Welt bewegt« sowohl informativ wie auch amüsant und unterhaltsam über den Dialog zweier fiktiver Besucher veranschaulicht werden.

Grenzen

Trotz vieler begründeter Argumente für akustische Medien sollte man sich die Grenzen dieses Mediums stets bewusst machen. Wissenschaftliche Evaluationen haben ergeben, dass ein wesentlicher Grund *für* einen Museumsbesuch die soziale, kommunikative Atmosphäre während des Ausstellungsrundgangs sei: Man gehe mit Freunden oder der Familie ins Museum und wolle sich direkt über seine Eindrücke und Erfahrungen austauschen. Hat jeder einen Knopf im Ohr bzw. einen Kopfhörer auf, ist keine Kommunikation mit den Freunden mehr möglich.

Im Gegensatz zum Audioguide mit seinen vorgefertigten Hörstücken bietet eine persönliche Führung durch einen kompetenten Mitarbeiter des Museums dem Besucher die Gelegenheit, bei der Fachkraft nachzufragen und eigene Interessen vertiefen zu können.

Wohin führt die technische Entwicklung?

Die rasante technische Entwicklung lässt derzeit nur erahnen, was in wenigen Jahren auf diesem Gebiet alles möglich sein wird. Die Firma Google z.B. arbeitet an dem Bilderkennungsdienst »Google Goggles«, der Smartphone Besitzern die Möglichkeit bietet, mit ihrem Gerät ein Objekt im Museum zu fotografieren und über die Suchmaschinen von Google die entsprechende Informationen abzurufen. Damit hätten die Museumsverantwortlichen die Inhalte – wie bei Web 2.0-Anwendungen allgemein üblich – nicht mehr in der Hand. Dieser wenig wünschenswerte Fall tritt bei einem amerikanischen Projekt auf: Bei »Art Mobs«[3] produzieren Studenten Audiotouren für das Museum of Modern Art in New York. Die Texte beinhalten eigene Eindrücke und Gedanken der Studenten zu den ausgestellten Kunstwerken.

Mittlerweile kann jeder mitmachen und zu seinem Lieblingswerk seinen persönlichen Kommentar als MP3-Datei zum Downloaden ins Internet stellen.

Prinzipiell – gerade bei moderner Kunst – ein durchaus reizvoller Ansatz, der den Betrachter und dessen individuelle Interpretation stärker miteinbezieht. Unter dem Stichwort »Partizipation« eine wichtige Öffnung des Museums nach außen. Welche neuen technischen und damit auch inhaltlichen Lösungen im Internet inzwischen realisierbar sind, zeigt der Beitrag Greisinger S. 67–77.

Ein sinnvolles und mittlerweile übliches Serviceangebot bedeuten hingegen die durch die Museen selbst ins Internet gestellten akustischen Hörführungen. Zur Vor- oder Nachbereitung des Museumsbesuchs können so die Erläuterungen zu einzelnen Exponaten auf den eigenen MP3-Player geladen werden. Das Kölner Museum Ludwig etwa bietet über 150 Hörstücke zu Kunstwerken als Audio-Dateien im Internet an.[4] Diese Mehrfachnutzung spricht für die steigende Beliebtheit eines Mediums, das aufgrund der fallenden Kosten für die technische Herstellung für viele Museen ein attraktives Vermittlungsangebot darstellt. Der wachsende Markt an Anbietern und Produzenten unterstützt deren Verbreitung.

Noch gibt es zu wenige Studien, die wirklich belastbare Informationen über die Verweildauer, die Akzeptanz der Hörstücke und über den Wissenserwerb der Besucher zulassen. Insgesamt bleibt festzuhalten: Technische Entwicklung und leichte Handhabung in der Benutzung sind und bleiben nur die eine, gute Inhalte in ansprechender Verpackung die andere Seite. Die fachlich fundierte Konzeption audio-medialer Angebote ist grundlegende Voraussetzung dafür, dass das Publikum letztlich auch wirklich das hört, was es in Museen zu sehen und damit zu vermitteln gibt.[5]

Anmerkungen

1 Vgl. Julia Voss: Der Betrachter ist im Ohr, FAZ vom 24. August 2009, www.faz.net [20. Februar 2012].

2 Denis Schäfer: PDA, Mobiles Informationssystem für die Besucherbetreuung im Museum. Dokumentation und Diskussion ausgewählter Beispiele, Berlin 2007; Mitteilungen und Berichte des Instituts für Museumsforschung Nr. 43, S. 74.

3 Vgl. http://mod.blogs.com/art_mobs/ [20. Februar 2012].

4 Vgl. www.museenkoeln.de/museum-ludwig/default.asp?s=712. Weitere Beispiele seien hier exemplarisch aufgeführt: Das Neanderthal Museum: http://www.neanderthal.de/besucherinfo/multimedia/audioguide/index.html; das LehmbruckMuseum in Duisburg: http://www.duisburg.de/micro2/lehmbruck/sammlung/Audioguide.php; das Folkwang Museum Essen: http://www.museum-folkwang.de/de/bildung-und-vermittlung/audioguide.html [20. Februar 2012].

5 Für die kritische Durchsicht des Manuskripts und für wichtige Hinweise und Ergänzungen danke ich herzlich meiner Kollegin Isabel Reindl.

Ein Überblick: Zum Einsatz von Audioguides und PDAs in deutschen Museen

Andrea Prehn

Wer oft Museen und Ausstellungen besucht wird sicherlich das Gefühl haben, dass zu jedem »anständigen« Museum mittlerweile eine Audioführung gehört. Dies gilt sowohl für Häuser mit großem Publikumszulauf als auch für kleinere Einrichtungen. Auch bei vielen großen Sonderausstellungen gehen einige Besucher ganz selbstverständlich davon aus, dass hier ein individuell einsetzbares Vermittlungsgerät zur Verfügung gestellt wird. Wer sich außerdem noch die langen Referenzlisten der größeren Entwickler und Anbieter von Audioführungen wie Antenna International, Acoustiguide oder Tonwelt Professional Media GmbH anschaut, wird sich in diesem Gefühl bestärkt fühlen. Dennoch setzt tatsächlich nur ein vergleichsweise kleiner Kreis von Museen Audioführungen oder Weiterentwicklungen wie z.B. einen Personal Digital Assistent (i.f. PDA) zur Vermittlung ein.

Verbreitung von Audioguides in deutschen Museen

Laut Ergebnis einer Umfrage des Instituts für Museumsforschung in Berlin aus dem Jahr 2007[1] haben lediglich 310 von 4.113 Museen angegeben, dass sie ihren Besuchern akustische Führungssysteme[2] anbieten. Weitere 39 Häuser[3] gaben an, dass sie PDAs einsetzen. Demnach halten also nicht einmal 10% aller Museen, die sich an dieser Erhebung beteiligt haben, eine Audio- oder PDA-Führung als ständiges Vermittlungsangebot bereit. Allerdings wird dieses Bild durch die vielen kleinen Museen, die es in Deutschland gibt, geprägt.

Betrachtet man nur Museen mit mehr als 50.000 Besuchen im Jahr 2007, so gaben von 368 Museen 134 an, Audioführungen oder einen PDA einzu-

Einsatz von Audioführung / PDA nach Besuchszahl	Anzahl der beteiligten Museen gesamt	Davon keine Audioführung	Davon mit Audioführung / PDA
bis 5.000 Besuche	2.183 (100,0)	2.138 (97,9)	**45 (2,1)**
5.001–10.000 Besuche	520 (100,0)	488 (93,8)	**32 (6,2)**
10.001–15.000 Besuche	293 (100,0)	271 (92,5)	**22 (7,5)**
15.001–20.000 Besuche	202 (100,0)	184 (91,1)	**18 (8,9)**
20.001–25.000 Besuche	132 (100,0)	118 (89,4)	**14 (10,6)**
25.001–50.000 Besuche	294 (100,0)	241 (82,0)	**53 (18,0)**
50.001–100.000 Besuche	190 (100,0)	142 (74,7)	**48 (25,3)**
100.001–500.000 Besuche	164 (100,0)	87 (53,0)	**77 (47,0)**
über 500.000 Besuche	14 (100,0)	5 (35,7)	**9 (64,3)**
keine Angabe zur Besuchszahl	121 (100,0)	112 (92,6)	**9 (7,4)**
Gesamt	**4.113 (100,0)**	**3.786 (92,0)**	**327 (8,0)**

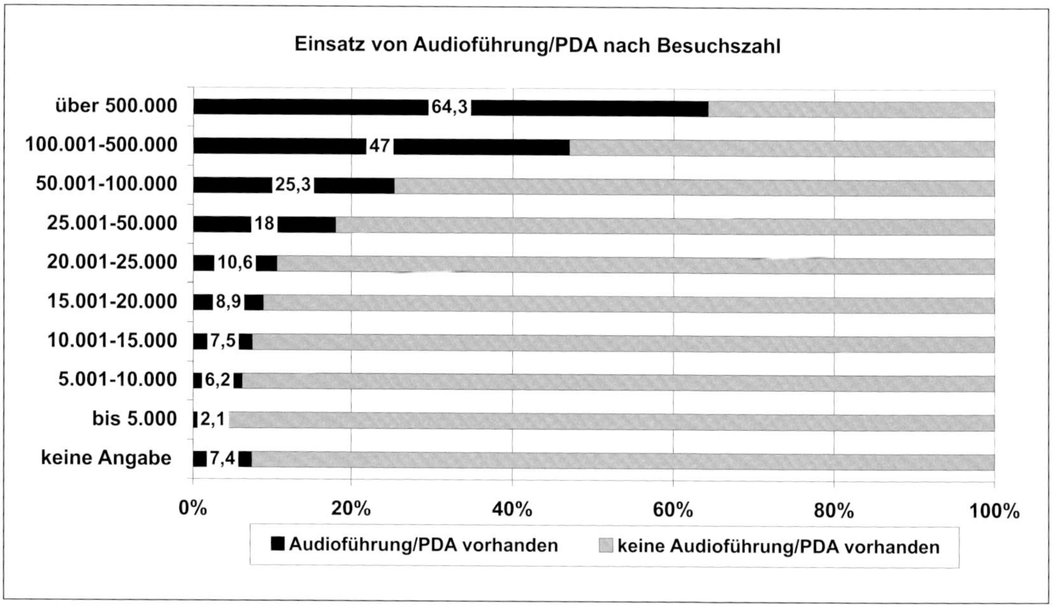

Mit den statistisch aufbereiteten Angaben der Museen wird deutlich, dass man eher bei großen Museen – gemessen an ihrer jährlichen Besuchszahl – von einem Angebot mit audio- und visuellen mobilen Führungsgeräten ausgehen kann.

setzen. Demnach ist mehr als jedes dritte größere Museum mit einer akustischen Führung oder PDA ausgestattet.

Audioführungen werden nicht in allen Museumsarten gleich häufig eingesetzt. Den Ergebnissen der Umfrage aus dem Jahr 2007 nach sind es – ab-

Einsatz von Audioführung/PDA nach Museumsart	**Anzahl der beteiligten Museen gesamt**	**Davon keine Audioführung**	**Davon mit Audioführung/PDA**
Volkskundemuseen/ Heimatkunde- u. Regionalmuseen	1.896 (100,0)	1.821 (96,0)	75 (4,0)
Kunstmuseen	402 (100,0)	336 (83,6)	66 (16,4)
Schloss-/Burgmuseen	173 (100,0)	149 (86,1)	24 (13,9)
Naturkundemuseen	205 (100,0)	188 (91,7)	17 (8,3)
Naturwissenschaftl. Museen/ Technikmuseen	485 (100,0)	453 (93,4)	32 (6,6)
Historische Museen/ Archäologische Museen	304 (100,0)	256 (84,2)	48 (15,8)
Kulturgeschichtliche Spezialmuseen	571 (100,0)	525 (91,9)	46 (8,1)
Museumskomplexe, Sammelmuseen	77 (100,0)	58 (75,3)	19 (24,7)
Gesamt	**4.113 (100,0)**	**3.786 (92,0)**	**327 (8,0)**

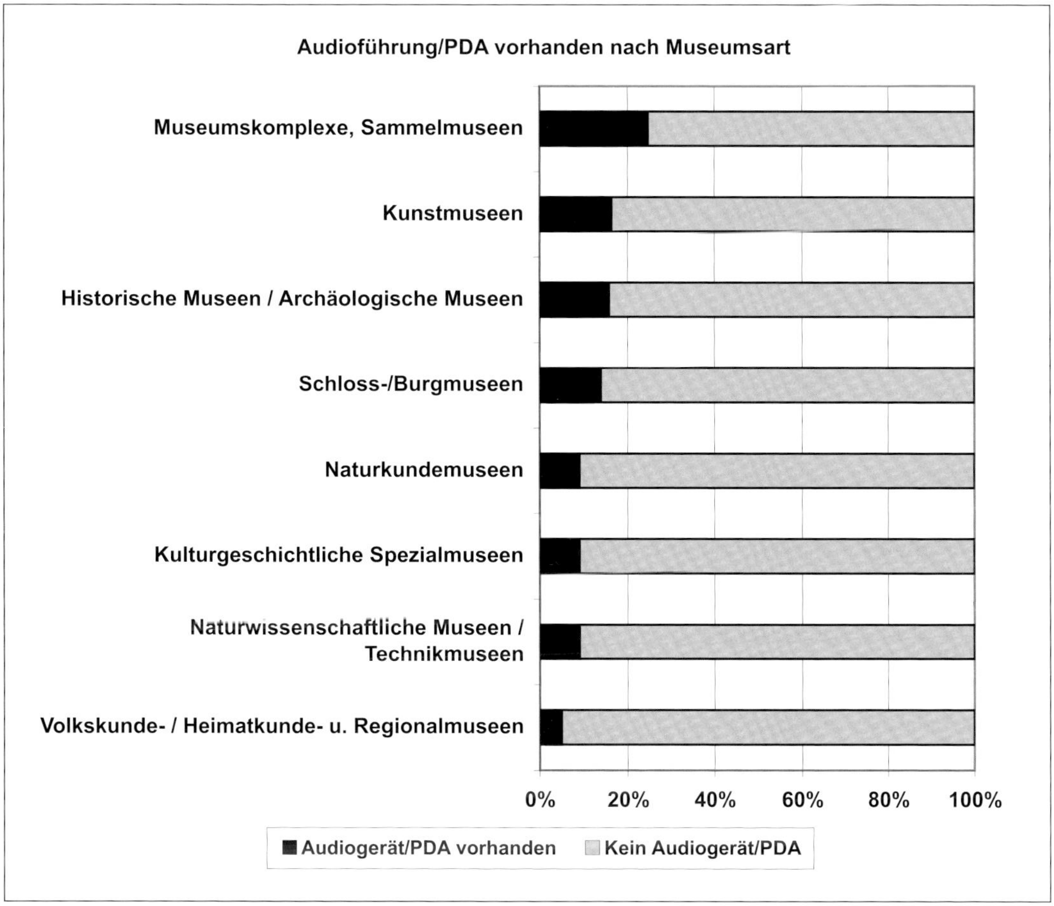

Insbesondere Kunstmuseen, historische und archäologische Einrichtungen und Museumskomplexe setzten bei dem Vermittlungsangebot auf Audioführungen und PDAs.

gesehen von den großen Museumskomplexen und Sammelmuseen[4] – insbesondere die Kunstmuseen, die Häuser mit historischen und archäologischen Sammlungen sowie die Burgen und Schlösser, die ein akustisches Vermittlungsinstrument o.ä. anbieten. In Naturkundemuseen oder Museen mit naturwissenschaftlichen Sammlungen und Technikmuseen findet man dagegen seltener Audioguides. Diese beiden letztgenannten Museumsarten[5] offerieren im Vergleich zu den übrigen häufiger Computerterminals oder Modelle und Nachfertigungen zur Vermittlung.

Nachfrage und Erfolg

Diese Zahlen sagen allerdings noch nichts über den Erfolg einer Audioführung – gemessen an ihrer Nutzungsrate – aus. Der Erfolg ist abhängig von der gesamten allgemeinen »Vermarktung« und von einer prominenten Platzierung im Museum. Wie erfolgreich dagegen eine Audioführung die Vermittlungsziele unterstützen kann und einen Mehrwert bietet, das entscheiden die Aufbereitung der Inhalte, das Design und die technische Gestaltung.

Anmerkungen

1 Für das Jahr 2007 hat das Institut für Museumsforschung im Rahmen der allgemeinen Gesamterhebung an den deutschen Museen um Auskunft zur Situation der Museumspädagogik in den Häusern gebeten. In diesem Zusammenhang wurde nach dem Einsatz von Vermittlungsmedien gefragt. Siehe hierzu: Statistische Gesamterhebung an den Museen der Bundesrepublik Deutschland für das Jahr 2007, H. 62, Berlin 2008, http://museum.zib.de/ifm/mat62.pdf. Die Ergebnisse zur Abfrage nach Vermittlungsmedien wurden bislang noch nicht veröffentlicht, die Aussagen zum Einsatz von Audioguides/PDA hier sind Erstveröffentlichungen.

2 Genau genommen wurde nach akustischen Führungssystemen gefragt, womit nicht immer Audioguides gemeint sein müssen.

3 22 Museen boten ihren Besuchern sogar beides, sodass die Grundgesamtheit in den hier aufgeführten Tabellen aus 327 Museen mit Audioguide/PDA besteht.

4 Beispiele dafür wären der Museumskomplex Dahlem der Staatlichen Museen zu Berlin oder die Landesmuseen, die durch ihren Sammlungsauftrag nicht eindeutig einer Museumsart zu zuordnen sind.

5 In fast 42% der naturwissenschaftlichen und technischen Museen gab es im Jahr 2007 z.B. Modelle und Nachbildungen; von den Kunstmuseen machten nur 15,4% diese Angabe. Während man in 20% der Naturkundemuseen Computerprogramme anbot, waren es bei den Kunstmuseen nur 5% der Häuser.

Eine Ausstellung hören?

Über Notwendigkeit und Qualität von Audioguides

Holger Schulze, Hanna Buhl

Beschreiben, damit die Besucher sehen

Der Museumsbesuch ist eine extreme Erfahrung. Entweder kennen die Besucherinnen oder Besucher die Exponate und erwarten eine besondere Darbietung, Ausdeutung oder Einordnung, oder sie kennen nichts davon und sind umso mehr auf der Suche nach Anhaltspunkten, Hinweisen, Bezugnahmen und Verstehensmöglichkeiten. Eine museumspädagogische und auditive Intervention gelingt, wenn sie diese beiden Erwartungshaltungen sinnvoll zu verbinden und zu erfüllen vermag. Ein bevorzugter, persönlicher Weg ist es, mit einem guten Bekannten durch die Ausstellung zu gehen, der uns das erzählt, von dem er oder sie weiß oder ahnt, dass wir es nicht wissen. Wie wäre dies technisch zu lösen? Besucherfreundlich geplant wäre dies die zentrale

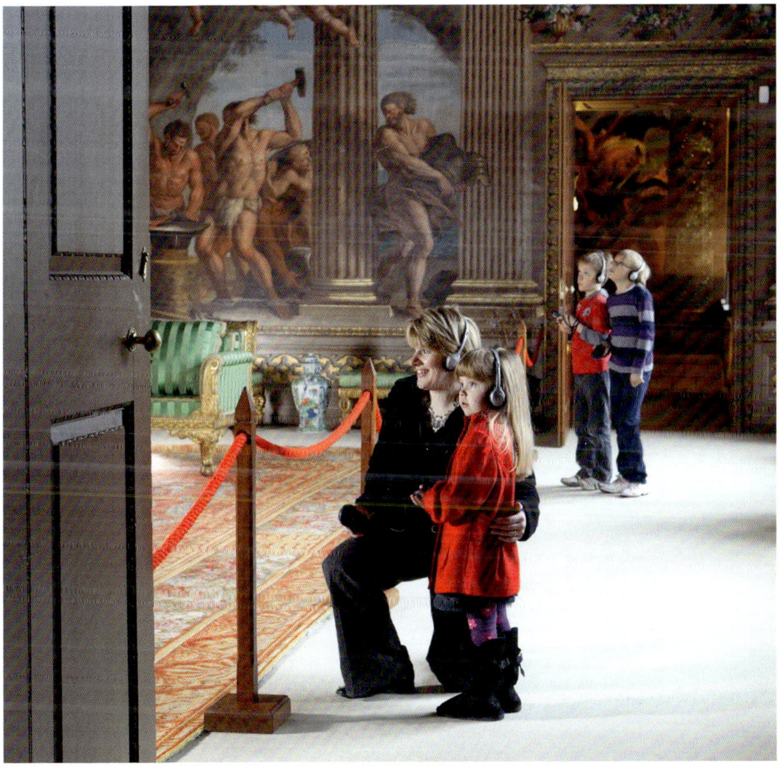

Eine besondere Chance dieses Mediums ist es, dass sich der Besucher seinen individuellen Weg und sein eigenes Tempo durch die Ausstellung wählen kann.

Frage jeder Audioguideproduktion. Bis zum Erreichen dieses Zieles sind in der Realität der Produktion einige Hürden (wie z.B. Ansprüche, Erwartungen, Interessen) zu überwinden. Nicht zuletzt existieren oft falsche Vorstellungen von der tatsächlichen Nutzungspraxis eines Audioguides.

Wenn ein Audioguide gelungen ist – was bietet er mir? Eine akustische Führung erschließt mir, was ausgestellt wird. Vor allem bin ich in einer Klangumgebung – aus Geräuschen, gestalteten Klängen, Musik und Stimmen, die mich in die Sammlung einstimmt. Ich bin bereit, andere Einzelheiten über die Ausstellung und die Exponate zu erfahren, einen ungewohnten Blick anzunehmen: mich anregen zu lassen, länger zu verweilen, einen inneren (auch äußeren) Dialog zu beginnen. So unterschiedlich Vorwissen und Interesse sein können, der gelungene Audioguide kann verschiedene Vertiefungsebenen anbieten.

Ob Erwachsene oder Kinder, Laien oder Experten die Ausstellung besuchen, ob sie verschiedene Muttersprachen sprechen, Mehrfach- oder Einmalbesucher sind, welche spezifischen Bedürfnisse außerdem noch vorherrschen: all das ist in jedem Fall im Entwurf zu berücksichtigen. Anne Buschhoff von der Kunsthalle Bremen betont darum, dass das Ziel nicht sei zu beschreiben, was der Experte sieht, sondern zu beschreiben, damit die einzelnen Besucher *mehr* sehen![1]

Individuelle, mit einzelnen Besuchergruppen entstandene Audioguide-Projekte, haben dort ihren Sinn, wo die Besucherinnen und Besucher (etwa Kinder oder Jugendliche) einen besonderen Zugang zu den Exponaten finden und anderen Besuchern anbieten sollen. Die ungeübten Produzenten und Produzentinnen erwerben sich dadurch nicht nur neues Wissen und neue Fähigkeiten, sondern entdecken die Ausstellung auf eine grundsätzlich andere und nachhaltigere Art und Weise: Wie wirken Museen auf mich und andere? Was interessiert mich an dieser Ausstellung? Bin ich fähig, anderen einen Weg durch diese Ausstellung zu zeigen? Eine besondere Chance, die dieses Mediums bietet, besteht darin, dass sich der Besucher seinen individuellen Weg durch die Ausstellung wählen kann.

Vier Qualitätskriterien[2]

1. Die Klangqualität: Sie ist einerseits bedingt durch die Aufnahmesituation, die Qualität der Texte, der Musikeinspielungen, Soundscapes oder Hörspielszenen in Verbindung mit tontechnischen Gegebenheiten, spezifischen Produktionsbedingungen und durch die Sprechregie. Andererseits hängt sie notwendig ab von der Hörsituation im Ausstellungsraum in all ihren technischen, architektonischen und museumspädagogischen Aspekten, die eine eindeutige Zuordnung der Stimmen und Klangquellen erlauben und ein differenziertes Hören im Raum der »auralen Architektur«[3] ermöglichen sollen.
2. Der Führungsablauf: Ob die Führung linear einer Route folgt oder punktuell einzelne Exponate anwählbar macht, die einzelnen Hörtexte sollten etwa 1,5 bis 3 Minuten lang sein – mehr als anderthalb Stunden pro Besuch sind kaum aufnehmbar;[4] zur Auswahl kann aber drei Stunden Material angeboten werden.[5] Eine punktuelle Führung wird gegenwärtig sowohl von Museen als auch befragten Besucherinnen und Besuchern bevorzugt[6] aufgrund der Freiheit der Auswahl und eigenständiger Erkundung von Ausstellungsraum und Hörtextangebot. Eine lineare Führung wird demgegenüber zunehmend abgelehnt;[7] sie bietet sich aber an, wenn konzise Zusammenhänge erläutert werden.[8]
3. Die Audiotechnik: Die meisten Systeme bieten sowohl Kopf- als auch Handhörer an[9], die entweder geschlossene oder offene Hörsituationen begünstigen. Die Komplexität einer Hörregie vermittelt der beidseitige Kopfhörer am besten, hingegen bleibt die Museumssituation bei Handhörern besser wahrnehmbar und bietet höhere Sicherheit für Besucherinnen und Besucher. In keinem Fall sollte ein beidseitiger Kopfhörer die »aural architecture«[10] des Ausstellungsortes vollständig verdecken. Die Konzeption einer Ausstellung und ihrer Vermittlung sollte die Wahl der Technik einer akustischen Führung bestimmen: Infrarot-, Funk- oder Radiowellensysteme übertragen

die Audiodaten drahtlos. MP3-Player und mobile Kleincomputer als Abspielgeräte haben CD- und Kassettensysteme in den letzten Jahren abgelöst. Seit Kurzem werden auch Anwendungen angeboten, die zur jeweiligen Ausstellung auf dem eigenen Mobiltelefon installiert werden können.

4. Die Hörtexte: Sie müssen unmittelbar wirken, und doch erlauben Dramaturgie und Stilistik etliche Varianten zwischen einer experimentell-künstlerischen Vermittlung bis zum auditiven »Beipackzettel« als Sachtext. Gründliche Recherche und Quellenkritik bei der Erarbeitung solcher Texte bestimmen wesentlich deren Qualität. Die Hörregie[11] verbindet dann einerseits die Textarten und -ebenen (Zitate, Dokumente, Interviews, Hörszenen) mit Klanginszenierungen (Geräusche, Klanglandschaften oder Musik); andererseits führt sie die Sprecherinnen und Sprecher, deren Variabilität zugleich eine sympathisierende Erkennbarkeit erlauben sollte. Durch einen begründeten Sprecherwechsel kann der Spannungsbogen zusätzlich länger gehalten werden.[12] Doch Ausnahmen bestätigen diese Regel, wie etwa der Kurator Roger M. Buergel, der monologisch die akustischen Führungen zur documenta 12 in Kassel 2002 einsprach: der erste Audioguide in der Geschichte der documenta.

Der Audioguide als funktionaler Hörtext

An Kasse und Museumsshop gehe ich vorbei, zeige meine Eintrittskarte noch einmal vor und bin im Ausstellungsraum: auf der gesamten Raumbreite zeigen sich Exponate, vielleicht Texttafeln, Eingänge zu Videoprojektionsräumen, Bildschirme stehen vor mir, Kopfhörer mit Originaltonaufnahmen. Ich bin ratlos: Wo soll ich beginnen? Was möchte ich hier? Wie soll ich all das verstehen? Die Verwirrung kann im Entwurf der Ausstellung begründet sein, doch meist ist sie unwillkürlich. Ein wenig stolpere ich umher, schaue mir dieses oder jenes an; mein Blick prallt an Glasvitrinen ab. Die Dinge darin bedeuten mir nichts, haben für mich keine Bedeutung, die ich mir erschließen könnte. Am Ende bleibe ich ratlos.

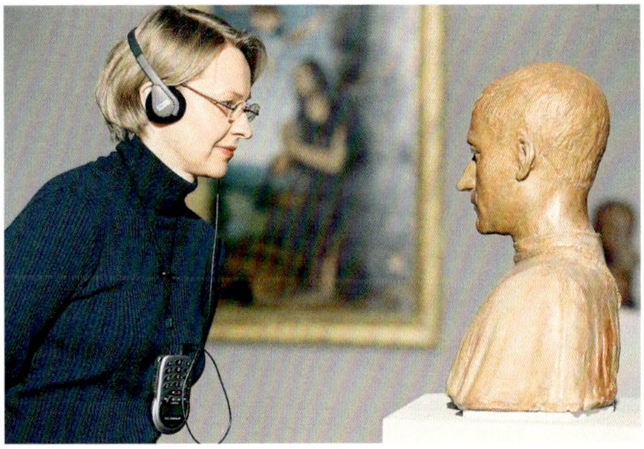

Nicht nur Dritte vermitteln Informationen, sondern die Dargestellten können selber »zu Wort kommen«.

Ich gehe zurück zum Eingang: Soll ich mir einen dieser Audioguides nehmen? Werde ich dann nicht die gesamte Zeit zugeplappert, besserwisserisch – mit zahllosen, nutzlosen Daten und Zitaten? Kann ich mich überhaupt noch auf die einzelnen Exponate oder künstlerischen Arbeiten einlassen? Gefällt mir die Stimme? Behagt mir die Erzählhaltung? Welche Musik wird hier eingesetzt oder gar Sound Design? Ärgert es mich, dass ich unaufhörlich einen Apparat an mein Ohr halten oder geschlossene Kopfhörer tragen muss? Fühle ich mich nicht abgeschnitten von der tatsächlichen Museumserfahrung? Nur: Was ist die tatsächliche Museumserfahrung?

Für Museumspädagogik und Kunstvermittlung stellen sich diese Fragen seit einigen Jahrzehnten mit erhöhter Brisanz – nicht zuletzt vor dem Hintergrund einer demokratischen Legitimation, die Museen förderbedingt vorzuweisen haben. Seit etwa einem halben Jahrhundert gibt es das auditive Genre des »Audioguide«. Der Legende nach, wie stets mit Vorsicht zu glauben, sei anno 1957 der erste Audioguide produziert worden. Seither haben sich Audiotechnik, Strategien der Besucherführung und nicht zuletzt die Möglichkeiten der Audioproduktion beträchtlich fortentwickelt: von schwerfälligen Telefonhörern aus Bakelit mit Kassettenabspielgerät zu MP3s im Download oder »Apps« für das Smartphone.

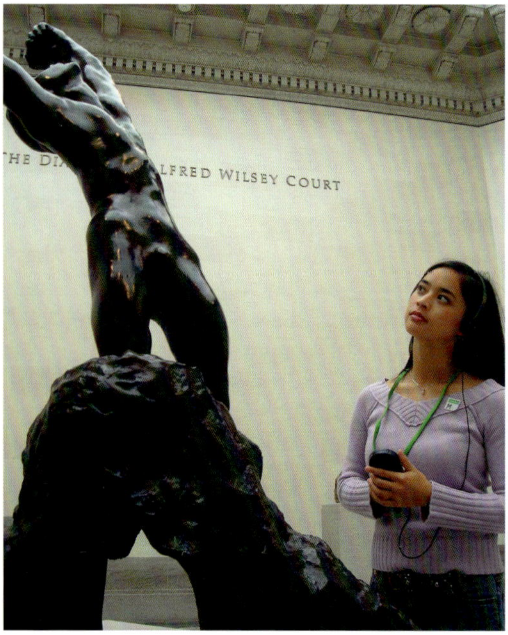

Hörspielthemen, Zeitzeugenberichte oder Radiofeatures lassen Exponate lebendig werden.

Der Audioguide als ein Genre akustischer Texte gehört technisch und gestalterisch zum jungen Forschungsfeld der »funktionalen Klänge« bzw. »auditory displays«. Im strengen Sinne sind damit einzelne, benutzerführende Klänge und Klanggestaltungen gemeint, die ihre Hörerinnen und Hörer funktional leiten. Im weiteren Sinne trifft dies auf jeden gelungenen Audioguide zu, der nicht identisch ist mit einem Hörbuch zu einer Ausstellung, aneinandergereihten Hörspielszenen oder Auszüge eines Radiofeatures. Die für jeden Audioguide wesentliche funktionale Klanggestaltung verbindet ihn mit »auditory displays« generell und deren Grundfrage: Wie können Informationen durch Klang übertragen werden? Aufgrund der großen Bedeutung der Sprache, des sogenannten »Hörtextes« ist ein Audioguide somit als ein »funktionaler Hörtext« zu verstehen.

Eine Ausstellung hören?

Wenn Ausstellungsmacher an der Entstehung eines Audioguides produktiv mitwirken wollen – und nicht lediglich einen Auftrag auslagern –, so bedeutet dies im strengen Sinne auch einen anderen Ansatz. Die Ausstellung als im klassischen Sinne räumlich-visuelles Ereignis mit selektiv narrativen und kinästhetischen wie auch architektonischen Elementen, wird erweitert um eine genuin auditive Dimension. Bekannt sind spektakuläre, audiovisuelle Ergänzungen im Ausstellungsraum, die historisch und gegenwärtig vor allem die neuesten technischen Entwicklungen als zukunftsträchtig und begehrenswert vorführen (im historischen Verlauf: automatische Diaprojektionen, Tonbandwiedergabe, Fernsehmonitore, Videoprojektionen, Panoramaprojektionen, Surroundsound oder 3D-Filme) und überwiegend das Staunen der Besucherinnen und Besucher beabsichtigen; der Audioguide dagegen bietet im gelungenen Fall einen neuen, auditiv geführten Besuch der Ausstellung.

Die Wahrnehmung stärker durch das Hören zu führen, bedeutet aber zugleich eine stärkere Verabschiedung von einem »jagenden Sehen« zu einem »empfangenden Sehen«, ähnlich wie die Sound Studies von »Listening in Search« im Gegensatz zu »Listening in Readiness«[13] sprechen. Die Seh- und Lesehaltung eines gängigen Ausstellungsbesuches, bei dem wir allzu gerne eher Beschriftungen und Erklärungen zu Exponaten lesen möchten und uns zu wenig Zeit für die Exponate selbst nehmen, kann so wieder geöffnet werden zur Haltung einer offeneren Wahrnehmung. Hierbei ist allerdings der Fehler einer übertriebenen Erzählung und Vorherrschaft belehrender Argumentation zu vermeiden.

Was trivial scheint, ist in der konkreten Produktion eines funktionalen Hörtextes durchaus eine Herausforderung: Wie können zusätzliche und anregende, führende Informationen vermittelt werden, ohne die individuelle Erkundung und Wahrnehmung der Besucherinnen und Hörer zu überdecken? Ein wichtiges Gestaltungsmittel ist darum die ergänzende Klanggestaltung. Sie gibt den Hörenden eine auditive Einbettung, einen auditiven Deutungshinweis, der kaum mehr sein muss als eine orientierende Hörumwelt. Hier können die Erzählungen, Erläuterungen, Fragen und Anregungen zum eigenen Entdecken und Erkunden anknüpfen. Diese Komposition aus textlicher Information und auditiver Sensation zeichnet die besten Audioguides aus.

Anmerkungen

1 Anne Buschhoff: Akustische Führungen in der Galerie und in Sonderausstellungen der Kunsthalle Bremen – ein Erfahrungsbericht, in: Staatliche Museen zu Berlin, Akustische Führungen in Museen und Ausstellungen. Bericht zur Fachtagung im Filmmuseum Berlin 2001. (Mitteilungen und Berichte aus dem Institut für Museumskunde, Nr. 23), S. 19–23.

2 Vgl. Hanna Buhl: Die akustische Führung in Kunstmuseen, Magisterarbeit Freie Universität Berlin 2006.

3 Barry Blesser & Linda-Ruth Salter: Spaces Speak, Are You Listening? Experiencing Aural Architecture, The MIT Press, Cambridge Massachusetts & London, England, 2006.

4 Ursula Vorwerk: Wie kommt ein Museum zu einem Audioguide? Eine Checkliste, in: Staatliche Museen zu Berlin, Akustische Führungen in Museen und Ausstellungen. Bericht zur Fachtagung im Filmmuseum Berlin 2001 (Mitteilungen und Berichte aus dem Institut für Museumskunde, Nr. 23), S. 6–11.

5 Anne Buschhoff: Akustische Führungen in der Galerie und in Sonderausstellungen der Kunsthalle Bremen – ein Erfahrungsbericht.

6 Astrid Wilch: Grundsätzliches zu Audioguides. Museum Aktuell, März 2001, S. 2724–2726.

7 Ursula Vorwerk: Wie kommt ein Museum zu einem Audioguide? Eine Checkliste.

8 Vgl. ebd.

9 Jürgen Mrosek: Audioguide für alle!, in: Staatliche Museen zu Berlin, Akustische Führungen in Museen und Ausstellungen. Bericht zur Fachtagung im Filmmuseum Berlin 2001. (Mitteilungen und Berichte aus dem Institut für Museumskunde, Nr. 23), S. 15–18.

10 Barry Blesser; Linda-Ruth Salter: Spaces Speak, Are You Listening? Experiencing Aural Architecture.

11 Christian Wacker: Audioführungen. Museum Aktuell, März 2001, S. 2720–2723.

12 Peter Türk: Grundsätzliches zu akustischen Besucherinformationssystemen. Museum Aktuell, Juli 1998, S. 1222–1227.

13 Vgl. Barry Truax: Acoustic Communication. In der Reihe: Series Communication and information science, Melvin J. Voigt (Ed.), New Jersey 1984.

Ein Audioguide entsteht
Anspruch und Wirklichkeit

Uta Piereth

Audioguides in Museen zu konzipieren ist an sich bereits eine anspruchsvolle Aufgabe, weil man mit sehr heterogenem Publikum und unterschiedlichsten Wissenshorizonten seitens der Besucher zu rechnen hat, für die fachliche Informationen korrekt, verständlich und attraktiv zu verpacken sind. Schwierig genug ist es schon, den wissenschaftlich abgesicherten Stand des Fachwissens rund um ein Exponat oder eine Objektgruppe so zu vereinfachen, dass die zentralen Botschaften in knapper Form klar werden und das Objekt selbst dabei immer noch im Blick bleibt. Aus Sicht des kuratorischen Fachpersonals muss oft auf besonders spannende, aber auch hochkomplexe Fragestellungen verzichtet werden. Dies kann in geschriebenen Informationen noch angeboten werden. Bei personalen Vermittlungsformen ist die Möglichkeit gegeben, durch vertiefte Themenvorschläge, mit Augenkontakt oder durch Nachfragen ein entsprechend vertieftes Besucherinteresse zu spüren und zu befriedigen. Bei Audioguides hingegen, bei denen ein Umfang von maximal zwei bis drei Minuten pro Objekt als Höreinheit empfohlen wird, ist eine derartige Ausführung in der Regel nicht vorgesehen. (Lediglich zusätzlich anwählbare Höreinheiten mit Ergänzungsangeboten können hier mit mehr Zeitaufwand für besonders Interessierte auch mehr leisten.) Zwar sind solch knappe Zeitvorgaben als Erfahrungswert nachvollziehbar, weil sie der durchschnittlichen Aufmerksamkeitsdauer und dem allgemeinen Interesse der Besucher Rechnung tragen. Aber es sind dies eben auch Nivellierungen, mit denen sich eingearbeitete Fachleute schwer anfreunden können.

Welche Aufgabe hat der Audioguide?

Umso wichtiger erscheint es von Museums- und fachwissenschaftlicher Seite her, den Besuchern und auch Nutzern von Audioguides zumindest das aktuelle Kernwissen zum Thema/Objekt als Information zur Verfügung zu stellen. Das ist ein gewiss legitimes Interesse. Doch tut man gut daran, die Erwartungen, die das Museum darüber hinaus an den Audioguide stellt, von vornherein klar zu formulieren. Geht es dabei ausschließlich um quasi-auktoriale Sprecher-Mitteilungen oder auch um mehr? Soll der Audioguide als permanent abrufbarer Ersatz personaler Führungsformen dienen?[1] Ist er schlicht »bekömmlicher« als schriftliche Informationen? Oder kann ein solcher Audioguide wertvolle Beiträge leisten, die über die Vermittlung des als notwendig erachteten Sachwissens hinausgehen? Hier sind beispielsweise zusätzliche akustische, atmosphärische oder assoziative Ebenen zu nennen, Zeitzeugenaussagen oder andere Perspektiven, die in diesem Medium eingebracht werden können, just um andere Besuchergruppen anzusprechen.[2]

Unterschiedliche Problemstellungen der Museumsarten

Interessant wird die Sache an dem Punkt, wo auf der einen Seite das Bedürfnis der Besucher nach autorisierter Erklärung, nach Objektivität der Ausführungen und gleichzeitiger Lebendigkeit zu verzeichnen ist. Dem stehen andererseits je nach Museumsart und -inhalten Probleme bei der Umsetzung in sehr unterschiedlichen Bereichen gegenüber: Ein Museum mit historischen Themen etwa muss sich mit der Frage auseinandersetzen, wie die stets gewünschte »Authentizität« von Kontexten und Informationen herzustellen und zu vermitteln ist. Wie kann man der laienhaften, lückenhaften Vorstellung von Zusammenhängen korrekt »Fleisch« verleihen, ohne einseitig oder verfälschend zu sein in der Kürze und Auswahl der Aussagen? Gerade für Audioguides bieten sich dazu unter anderem Quellenzitate an – doch sind sie ja stets nur kurz und aus dem Kontext gerissen, können nicht genauer eingeordnet werden von Autor, Gruppe oder Zeit her. Auch verhindert die oft altertümliche Sprache ein leichtes Verständnis. Anekdoten sind ein weiteres Reizwort, denn sie sind beim Publikum beliebt, weil sie lebendig und anschaulich wesentliche Aspekte auf den Punkt bringen. Unter Fachleuten jedoch schätzt man sie meist nicht, da sie selten schon zeitgenössisch belegt sind und im strengeren Sinn oft als nicht authentisch gelten.

Kulturhistorische Museen können auf die erwähnten Anforderungen mit sehr variablen Zugriffen antworten. Exponate lassen sich in ihrer klaren, historischen Funktion erklären, ein Tischbrunnen zum Beispiel im Rahmen der Tafelkultur als überraschend sprudelnder Wein-Spender bei einem frühneuzeitlichen Festessen. Das gleiche Objekt ist aber mindestens ebenso erklärenswert aus rein ästhetischem Blickwinkel, was die ungewöhnliche Figurenwahl, die plastische Gestaltung, Farbwahl und die Brillanz der Glasur angeht. Schließlich könnte man sich lange über Machart und Erhaltungszustand des Objektes äußern – kaum aber in einer kurzen Einheit über alles zusammen oder nacheinander.

Ein Museum moderner Kunst wiederum kämpft an ganz anderen Fronten. Hier sind viele Besucher oft ganz grundsätzlich unsicher und warten auf die eine, absolute Deutungshilfe, die es aber doch meist gerade im Bereich zeitgenössischer Kunst gar nicht geben kann und soll. An manchen Häusern wird hier der Audioguide mit seinem Potenzial umgeleitet auf eine Sensibilisierung im Wahrnehmungsbereich – allerdings naturgemäß ein noch individuelleres Verfahren.

Sowohl bei kunst- wie bei kulturhistorischen Museen besteht schließlich ein wesentlicher Unterschied in der Zeitstellung der Objekte: Sind sie noch in irgendeiner Form als zeitgenössisch erfahr- oder erreichbar? Dann können Interviews oder eigene Begegnungen und Nutzungen faktisch und emotional hilfreich sein für Brückenschläge zum konkreten Exponat. Im Falle älterer oder heute nicht mehr existenter Objektgattungen funktioniert das hingegen nicht. Besondere Vorsicht und Sorgfalt ist schließlich bei allen Äußerungen an Gedenkstätten geboten, während es wiederum völlig andere Hürden sind, die man mit Audioguideprojekten zum Beispiel in völkerkundlichen Museen nehmen muss.

Aber treten wir nochmals einen Schritt zurück angesichts dieser Detailprobleme. Es geht ja generell darum, den Besuchern einen Zugang zum Objekt zu ermöglichen. Etwas abstrahiert gesehen wird dieser Zugang sich stets verändern, bei jedem Besucher wird die Wahrnehmung eine andere sein, zu einem gegebenen Moment ebenso wie zu verschiedenen Zeiten, mit unterschiedlichem Vorwissen und kultureller Prägung. Zugleich ist die Sicht des Museumsfachmanns, auch von seiner wissenschaftlichen Selbstreflexion her, einem Wandel unterworfen, egal in welchem Moment er die Deutungshoheit gerne für sich beansprucht. Wenn also die zu übermittelnde Botschaft an minimaler Sachinformation geliefert werden soll, kann diese, streng genommen, durchaus kurz gefasst sein. Denn das Wichtige darüber hinaus ist der Brückenschlag zwischen Objekt und Besucher. Und dieser funktioniert aus besagten Gründen sehr variabel.

Jugendliche als Produzenten

Nehmen wir beispielsweise die schwer zu erreichende Zielgruppe jugendlicher Museumsbesucher: Oft fühlen sie sich nicht angesprochen durch das, was bei allgemeinen Führungen oder auch in »normalen« Audioguides thematisiert wird. Eine Möglichkeit, sie zu interessieren, kann ansetzen bei ihren eigensten Fragen, die sie zu den Objekten und Themen haben. Erhalten Jugendliche

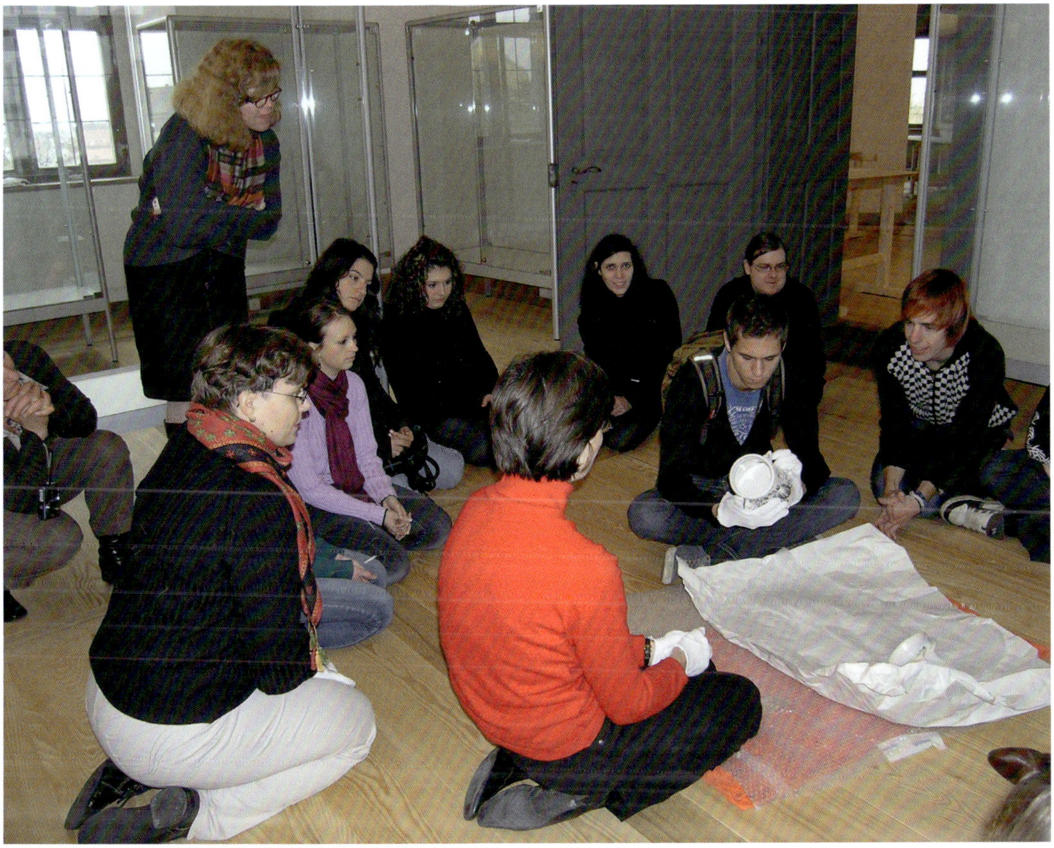

Die jugendlichen Produzenten der Höhrführungen bereiten sich inhaltlich auf die Exponate vor, indem sie zunächst in Frage kommende Exponate eingehend betrachten und erforschen.

selbst die Gelegenheit, diese zu formulieren und ihnen nachzugehen, werden sie zu Akteuren, zu Autoren von Textvorlagen für Audioguides und womöglich sogar zu ihren Sprechern[3]. Damit sind sie selbst natürlich aktiv ins Museumsgeschehen, in Prozesse der kulturellen Aneignung eingebunden. Der hier relevante Aspekt ist aber vor allem der, dass so eine altersspezifische Sicht der Dinge zum Tragen kommt, die von Seiten der – zwangsläufig schon älteren, anders orientierten – Museumswissenschaftler gar nicht geleistet werden kann. Mit ihren eigenen Interessen und Formulierungen sind sie eher in der Lage, Altersgenossen an die Objekte und Themen heranzuführen, als dies ein allgemeiner Audioguide vermag. Dass grundsätzlich ein solch anderer Blick auf die musealen Inhalte legitim und möglich ist, liegt in der Natur und Logik der bereits beschriebenen wechselnden Wahrnehmungshorizonte. Somit darf diese spezifische Besuchersicht neben andere Äußerungen zum Thema treten, solange deutlich wird, was der Sachkenntnisstand ist und was Deutung oder individueller Zugang sind.

Die Realität einer solchen Herangehensweise stellt einen selbstverständlich vor manche Schwierigkeit. Dazu zählt gar nicht einmal so sehr der erste Schritt der Zusammenarbeit, die Jugendlichen nämlich zunächst inhaltlich heranzuführen an die Dinge selbst, sie zu begeistern und zu sensibilisieren für die musealen Schätze.

Aber bei der Konzeption der einzelnen Audioguideelemente wird es heikler: Will man beispielsweise die Jugendlichen nicht zu sehr in eine bestimmte Richtung oder gar auf streng sachgebundene Pfade hin lenken, wie sie aus Kuratorensicht naheliegend und wichtig sind, ufern die Vorschläge der Jugendlichen gelegentlich aus und eine gewisse Eigendynamik gefährdet die inhaltlichen Ziele: Es kommen durchaus »schrillbunte« Ideen zum Ausdruck, die sich verselbstständigen und mitunter auch allzu weit vom Objekt weg führen. Dann sind Korrekturen nötig, die die ursprüngliche Idee und ihre Anwendungsorientierung auf das Exponat wieder zusammenzuführen in der Lage sind. Auch müssen manchmal regelrecht Grenzen gesetzt werden, etwa wenn es um nicht zutreffende, allzu banale oder irreführende Beiträge geht, gerade bei heiklen Themen wie Verfolgung im Nationalsozialismus und Ähnliches.

Professionelle Unterstützung

An dieser Stelle können einschlägig versierte Mediencoaches zu hilfreichen Vermittlern werden. Denn sie verfügen nicht nur über audiophones Know-how, sondern auch über die Kompetenzen, die Jugendlichen mit ihren Ansätzen auf haltbare, objektgebundenere Ausführungen hin zu lenken, ohne kurzerhand die herkömmliche Sicht der Museumsfachleute zu übernehmen.

Problematisch kann auch die gewählte Sprache wirken. Worte, die jüngere Menschen gebrauchen und lieben, sind nicht unbedingt identisch mit dem, was Ältere sprechen. Das ist eine an sich triviale Bemerkung. Aber in der eigenen Sprache kann leicht eine bessere Kommunikation mit Altersgenossen stattfinden – über die Sache. Nur dass Erwachsene nicht unbedingt jene Sprache als jugendlich qualifizieren, die diese Altersklasse selbst gebraucht: Was etwa 40- bis 60-Jährige als Vokabeln oder Wendungen im Sprachgebrauch der Jüngeren aufgenommen haben, was sie hier erwarten, ist lange nicht identisch mit dem, was aktuell jeweils wirklich von den Jugendlichen gesprochen wird. Zielführend ist also eine sensible Sprachredaktion, die weder unreflektiert sprachlich »verjüngt« noch zu viel von der wirklich altersgemäßen Diktion herausnimmt.

Audioguides von Jugendlichen für Jugendliche konzeptionell zu begleiten, stellt also eine besondere Herausforderung dar. Im idealen Fall führen sie zu einer Auffrischung der Wahrnehmungsweisen und einer erweiterten Rezeption der ausgestellten Schätze. Ziel aus Sicht der Museumsseite bleibt es auch dabei stets, ein möglichst breites Besucherspektrum mit »seriösen« Vermittlungsangeboten zu erreichen. Sofern mancherorts Museumsexponate ausschließlich durch solche spezifischen Audioguides erschließbar sind, kann es sinnvoll sein, weitere Hilfestellungen vorzusehen. Nicht in allen Fällen gelingt es, breite Besucherspektren mit der jugendlichen Perspektive zu gewinnen oder anzusprechen. Dann empfiehlt sich konkret zum Beispiel eine kurze, allgemeingültige Beschriftung in Objektnähe. Dadurch besteht für Alt und Jung die Möglichkeit, einen eigenen Zugang zum ausgestellten Kulturgut zu finden.

»Anspruch und Wirklichkeit« bei der Erarbeitung von Audioguides von Jugendlichen für Jugendliche können aus Sicht der Museumsfachleute mit deren Wünschen nur dann zu einer Deckung kommen, wenn von Anfang an bis zum konkreten Endprodukt eng mit allen an der Produktion Beteiligten intensiv kommuniziert wird und alle Bedürfnisse klar formuliert werden. Dazu zählt auch, dass die Arbeitsschritte eines Audioguide-Projektes nicht allein kreativen und pädagogischen Aspekten Rechnung tragen, sondern ebenso inhaltlich-methodisch reflektierende Momente berücksichtigen. Findet der Prozess der Planung und Realisierung also nicht losgelöst von der Museumsseite, sondern in solch enger Kooperation der Jugendlichen, Lehrkräfte, Mediencoaches *und* Kuratoren statt, besteht Aussicht auf ein geglücktes Hörergebnis – auch aus der Perspektive des Museums.

Anmerkungen

1 Vgl. Barbara M. Eggert: Der Audioguide als Medium der Erwachsenenbildung im Museum. Berlin 2010, hier besonders Kap. 1.3, S. 13–17; hier fällt auch die Bezeichnung des Audioguides als »Hybridform von medialer und personeller Vermittlung.« (S. 13).

2 Vgl. zu den verschiedenen Möglichkeiten grundsätzlich Eggert ebda. und ihre Reflexion S. 50–55.

3 Wie zum Beispiel bei den »Audiopiloten« der Pinakothek der Moderne in München oder beim Kunsthaus Bregenz; vgl. Ernst Wagner; Monika Dreykorn (Hg.): Museum Schule Bildung. Aktuelle Diskurse – Innovative Modelle – Erprobte Methoden. München 2007, darin bes. Winfried Nussbaummüller S. 102f., Ernst Wagner S. 104–106 oder im Fayencemuseum in Schloss Höchstädt, s. u. Beitrag von Kohwagner-Nikolai, S. 101–104.

Von Tante Schnägg, Ufos und springenden Pferden

Audioguides von, mit und für Kinder und Jugendliche

Hannelore Kunz-Ott

Eine eigene Variante von Hörführungen stellen die Kinderaudioguides dar, die nicht nur Kinder erfreuen, sondern gerne auch von erwachsenen Besuchern gehört werden. In kindgerechter und spielerischer Weise werden die Ausstellungsstücke und Themen aufbereitet. Gerade für diese junge Zielgruppe in Museen gibt es phantasievolle Lösungen. Im Grassi Museum in Leipzig sprechen z.B. die Objekte, sie berichten von ihrer Funktion und erzählen spannende Ereignisse, die sie »erlebt« haben. Im Naturkundlichen Museum im schweizerischen Aargau unterhalten sich zwei fiktive Figuren in 16 Mini-Hörspielen: die bedächtige Schnecke Tante Schnägg und die rastlose Heuschrecke Gümpi. Die beiden sind gemeinsam unterwegs im Museum. Sie staunen und entdecken, freuen und streiten sich, stellen Fragen und finden Antworten.

Jugendliche als Autoren

Eine besondere Variante sind jene Audioguides, die im Rahmen eines museumspädagogischen Projektes von Jugendlichen für Jugendliche selbst erstellt wurden. Die in dieser Publikation beschriebenen Beispiele schildern die unterschiedlichen Herangehensweisen und Prozesse. [Beiträge in diesem Band S. 81– 131]

Museumsexponate auf ganz andere Weise selber erforschen und anderen Besuchern in eigenen Worten und Kommentaren vorzustellen, ist für diese Altersgruppe besonders attraktiv. Die Jugendlichen sind hier nicht passive Wissensempfänger, sondern können aktiv ein Exponat entdecken, erforschen, nicht nur mittels Sprache, sondern durch den Einsatz von Musik, Geräuschen, Tönen oder spezieller Klänge kommentieren. So finden sie sinnliche Zugänge zu den Ausstellungsstücken und -themen, was ihre Kreativität fordert und fördert.

Wenn Museen Kindern und Jugendlichen genügend Freiraum geben, dann lassen sie ihre Phantasie sprudeln, spinnen die Anregungen aus dem Museum weiter, gehen mit Mikrofon und Kamera auf die Suche nach Material. In Interviews mit Experten und Zeitzeugen vertiefen die jungen Autoren ihr Wissen, die Exponate werden lebendig. Dann sind Kreativität, Sprachkompetenz und

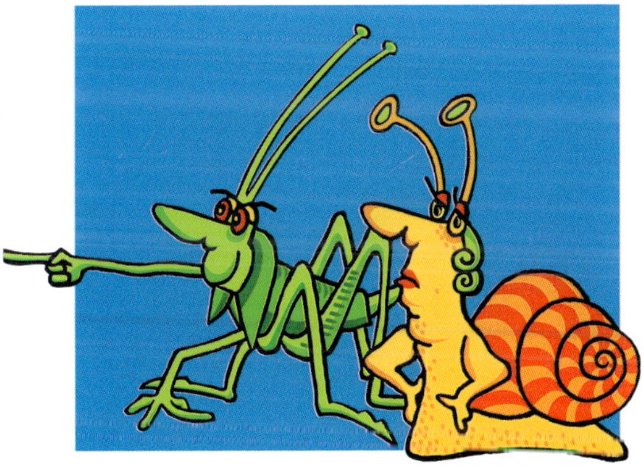

Liebenswerte und lustige Figuren führen speziell für junge Museumsbesucher in die Hörstücke ein. Das abgebildete Beispiel zeigt die Schnecke Tante Schnägg und die Heuschrecke Gümpi aus dem naturkundlichen Museum in Aarau/Schweiz.

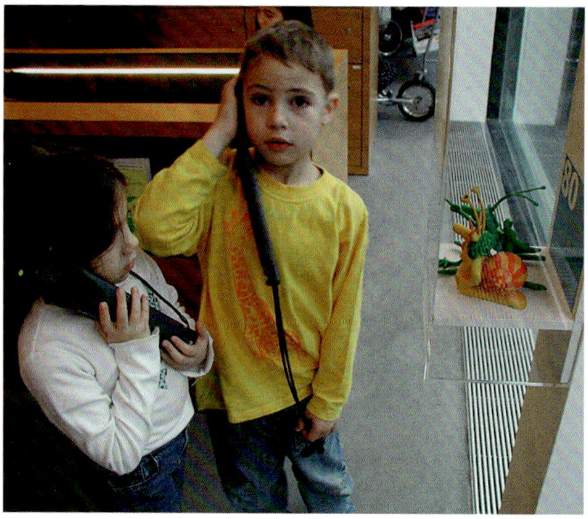

Für Kinder und Jugendliche wird Wissenswertes unterhaltsam, humorvoll und mit einem Augenzwinkern vermittelt.

technisches Geschick gefragt. Professionelle Mediencoaches und Museumspädagogen unterstützen bei der Konzeption der Beiträge und steuern das nötige Fachwissen bei.

Medienkompetenz

Natürlich ist für Jugendliche das Medium selbst attraktiv. Betreut von Medienpädagogen, professionellen Rundfunkjournalisten, ermöglicht die Erstellung eines eigenen Audioguides den Blick sowohl hinter die Kulissen der Museumsarbeit als auch einen Einblick in die Studios der Radiostationen. Durch die Betreuung der Medienfachleute erfahren sie zudem von den zahllosen Möglichkeiten audiophoner Gestaltung, wie Interviews, Text, Poesie, Collagen, Geräusche und Klänge.

Die in diesem Buch beschriebenen Projekte belegen die phantasievollen Zugänge der beteiligten Jugendlichen. Sowohl subjektive Kommentare wie die Deutung eines modernen Museumsgebäudes als Ufo von Außerirdischen[1] als auch die kindlichen Bildkommentare zu den Gemälden von Franz Marcs blauen Pferden[2] regen an und eröffnen gerade auch dem erwachsenen Hörer neue Perspektiven. Die Konzentration auf die Akustik führt damit über das rein Deskriptive hinaus und lässt die jungen Autoren sowohl die Institution Museum als auch die Kunstwerke neu und anders wahrnehmen.

Dabei ist es wichtig, dass ausreichend Raum für dieses Wahrnehmen, für Fühlen, Interpretieren, Phantasieren und Kritisieren gegeben ist. Die betreuenden Medienpädagogen, Lehrkräfte und Museumsexperten sollten daher keine professionellen Fachkommentare und Faktenvermittlung erwarten und diesbezüglich Druck auf die Jugendlichen ausüben. Gerade bei Kunstwerken ist es sicherlich besonders reizvoll, der Phantasie freien Lauf zu lassen, da hier unterschiedliche Interpretationen nebeneinander Gültigkeit haben.[3]

Aber auch so komplexe Themen, wie sie im Dokumentationszentrum Reichsparteitagsgelände in Nürnberg präsentiert werden, erfahren durch die Hörstücke der Jugendlichen eine neue Zugangsweise. Ihre Fragen, Bildbeschreibungen oder eindringlichen Überlegungen zu den historischen Bilddokumenten und Exponaten eröffnen den Hörern die ernst zu nehmenden Gedanken Jugendlicher, die manchmal Bezüge zu aktuellen Entwicklungen herstellen oder die Frage nach der eigenen Rolle stellen, wie sich der Hörer wohl in der entsprechenden Situation verhalten hätte. Damit handelt es sich zwar um subjektive Annäherungen, die aber den Besucher direkt ansprechen und ihn somit ganz persönlich tangieren.

Bei der Erarbeitung dieser Audioguides schulen die Jugendlichen ihre Wahrnehmungsfähigkeit, werden sensibilisiert für Kultur und erweitern ihre sprachliche Ausdrucksfähigkeit. Solche Projekte sind eine gute Möglichkeit, auch bildungsferne Jugendliche an die Institution Museum heranzuführen. Medienkompetenz und Sozialkompetenzen werden gefördert, personale Kompetenzen trainiert. Für die Schülerinnen und Schüler bieten diese Projekte die einmalige Chance, eine ganz andere Art des Lernens auszuprobieren. Sie setzen sich mit Kunst, Sozial- und Kulturgeschichte, Geografie oder dem Naturraum ihrer Heimat auseinander. Sie lernen, im Team mit anderen Jugendlichen zusammenzuarbeiten und sie lernen, ihre gesammelten Informationen für die Besucher ansprechend zu präsentieren.

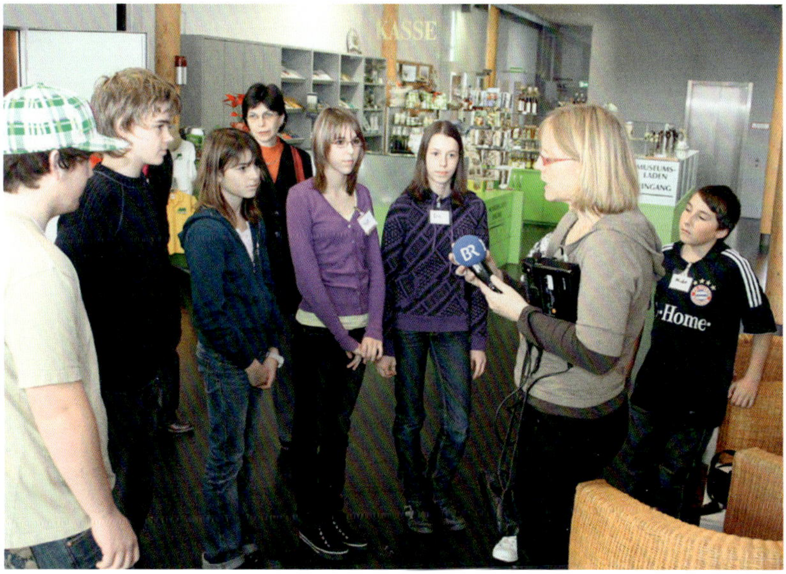

Eine Medienpädagogin erläutert den Jugendlichen den Umgang mit dem Aufnahmegerät.

Die Stiftung Zuhören war wichtiger Impulsgeber und kompetenter Partner bei diesen Museumsprojekten gemäß ihrer Satzung, bei Kindern und Jugendlichen die Lust aufs Hören und die Freude am Zuhören zu wecken. Hier wurden die jungen Museumsbesucher sensibilisiert, einerseits die Institution Museum mit neuen Augen kennen zu lernen und andererseits sich die Welt mit den Ohren zu erschließen und sie umfassender wahrzunehmen.

Genauso wichtig wie die Betreuung durch einen Medienpädagogen ist die Begleitung der Jugendlichen durch Museumspädagogen. Diese unterstützen die jungen Autoren bei der Objektauswahl und bei den sachgemäßen Hintergrundinformationen. Diese Teamarbeit ist wesentlicher Garant für ein erfolgreiches Endprodukt.

Anmerkungen

1 Hörstück aus dem Projekt »Audiopilot« der Pinakothek der Moderne in München. Vgl. auch Winfried Nussbaummüller: Audioguide, in: Ernst Wagner; Monika Dreykorn (Hg.): Museum Schule Bildung. Aktuelle Diskurse – Innovative Modelle – Erprobte Methoden, München 2007, S. 102–103.

2 Hörstück aus dem Kinderaudioguide des Franz Marc Museums in Kochel.

3 Vgl. Ernst Wagner: Audiopiloten für die Pinakothek der Moderne, in: Ernst Wagner; Monika Dreykorn (Hg.): Museum Schule Bildung. Aktuelle Diskurse – Innovative Modelle – Erprobte Methoden, München 2007, S. 104–106.

Deutschsprachige Anbieter im Vergleich

Vielfalt in der Branche

Holger Schulze, Hanna Buhl

Die Nachfrage und die Zahl der Anbieter von Audioguides im deutschsprachigen Raum ist vor allem in der letzten Dekade unabsehbar angewachsen: einerseits aufgrund der rapide beschleunigten technischen Entwicklung und des Anspruches, jenseits von Texttafeln und personalen Führungen, einzelnen Besucherinnen und Besuchern stärker individualisierte Hinführungen zur Ausstellung zu bieten; andererseits aber auch aufgrund einer Vielzahl neuer, lokaler Spezialmuseen, repräsentativer oder didaktischer Museumsneugründungen und immer neuen, wandernden Großausstellungen. Soft- und Hardware für grundlegende Audioproduktionen ist leichter zugänglich und bedienungsfreundlicher als je zuvor: Museen können Aktualisierungen im Hörtext somit eigenständig vornehmen und immer mehr Kuratoren und Museumspädagogen empfehlen, Audioguides anzubieten.

In Museen und Ausstellungen im deutschsprachigen Raum spielen vor allem zwei Anbieter eine große Rolle, neben einer Handvoll kleinerer Produktionsfirmen und einer kaum überschaubaren Zahl kleinster Unternehmen. Die beiden größten Unternehmen bieten ein ähnlich umfassendes Angebot und unterscheiden sich nur minimal in einzelnen Schwerpunkten. Die neueste Audiotechnik, spezialisierte Software, bekannte Sprecherinnen und Sprecher sowie professionelle Hörregie und Kundenservice sind selbstverständlich. Beide Anbieter erhalten für ihre Produktionen regelmäßig namhafte Preise der Branche. Beide sind sowohl im Deutschen Hygiene Museum Dresden als auch in der Ausstellung »Topographie des Terrors« in Berlin vertreten.

»Connecting the world to culture«

Der mit Abstand weltgrößte Anbieter von Audioguides ist Antenna Audio GmbH, die seit Anfang 2011 als Antenna International™ handelt. Das britisch-amerikanische Unternehmen verfügt über 16 Niederlassungen in Europa, Nordamerika und Asien mit rund 350 festangestellten Mitarbeiterinnen und Mitarbeitern. Zum Kundenkreis weltweit zählen Häuser wie das Metropolitan Museum of Art in New York, der Pariser Louvre oder die Vatikanischen Museen. 90 % der großen Museen in den USA und Großbritannien lassen ihre akustischen Führungen von Antenna International™ produzieren.

Die deutsche Tochter von Antenna International™ befindet sich seit dem Ende der Neunzigerjahre in Berlin, jährlich werden etwa 70 Audioguides im deutschsprachigen Raum hergestellt. Beispielhaft im Inland sind die Produktionen für die Staatlichen Museen zu Berlin, die Bayerischen Staatsgemäldesammlungen, das Folkwang Museum in Essen sowie der Stiftung Preußische Schlösser und Gärten Berlin-Brandenburg. Das Unternehmen stellt seine Arbeit unter die Überschrift »Connecting the world to culture«. Ziel ist also längst nicht mehr, eine persönliche Museumsführung zu imitieren, sondern Hörtexte anzubieten, die in Zeiten allgegenwärtiger Vernetzung und unvermeidlicher medialer, digitalisierter Unterhaltungsströme mögliche Zuhörerinnen und Zuhörer anziehen und Spannung aufrechterhalten können. Die Besucher werden persönlich geführt, Audioguides sehr spezifisch und fallgenau gestaltet, jedes einzelne Projekt auch in

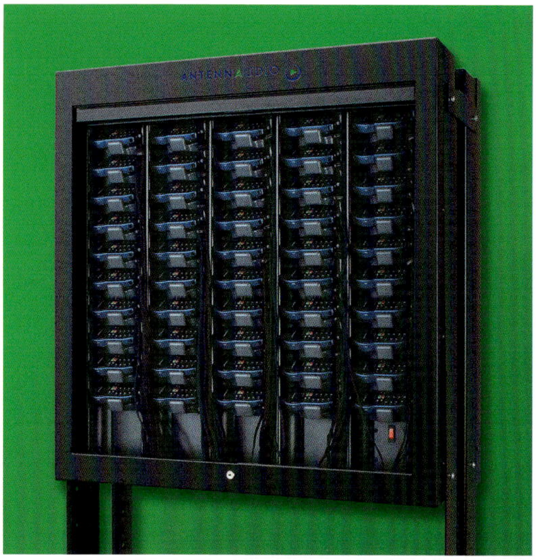

Technische und hygienische Wartung der Geräte müssen vom Museum oder von der jeweiligen Firma gewährleistet werden.

seinen weiterführenden Aspekten betreut. Diese Haltung vermittelt das Unternehmen auf vielen Ebenen der Öffentlichkeitsarbeit, des Kundenkontaktes und der Selbstdarstellung.

»Technologien – Inhalte – Dienstleistung«

Die internationale Mutter des in Berlin ansässigen deutschen Unternehmens Acoustiguide GmbH in New York erhebt für sich den Anspruch, 1957 den ersten Audioguide überhaupt für den Wohnsitz des US-Präsidenten Franklin D. Roosevelt produziert und installiert sowie 1993 den ersten Handhörer im Pariser Louvre eingesetzt zu haben. Mit etwa zwölf Firmensitzen in Europa, Nord- und Südamerika bis nach Australien bietet Acoustiguide etwa 100 Führungen im deutschsprachigen Raum an. Die Firma wirbt mit großen Kunden wie dem Museum of Modern Art und den United Nations in New York, dem Museo Guggenheim in Bilbao oder dem British Museum in London. Beispielhaft im Inland sind die Produktionen für das Wallraf-Richartz Museum Köln, die Klassik-Stiftung Weimar, das Deutsche Historische Museum Berlin oder das Jüdische Museum Berlin. Acoustiguide bewirbt seine Arbeit unter der Überschrift »Technologien – Inhalte – Dienstleistung«. Im Vordergrund steht also eine größtmögliche Seriosität, Stabilität, Nachhaltigkeit und Vertrauenswürdigkeit der Produktionen.

Guter Ton & roter Faden

Neben diesen großen Unternehmen spielen die kleineren wie Tonwelt Professional Media GmbH Berlin, Linon Medien GmbH Berlin oder Soundgarden Audioguidance GmbH München und die große Menge kaum bekannter Kleinstunternehmen jedoch eine kaum zu unterschätzende Rolle. Sie befinden sich möglicherweise in größerer Nähe zum Ausstellungsort, kennen das spezifische Besucherprofil und den Charakter eines Museums vielleicht aus eigener Erfahrung genauer: zwei Details, deren Wert für eine subtile akustische Gestaltung oft unterschätzt wird, wenn Produktionen an die Großen der Branche vergeben werden. Zwar werden hier nicht immer nur

Der Markt liefert eine Vielzahl von Geräten mit unterschiedlichsten Funktionen und Möglichkeiten.

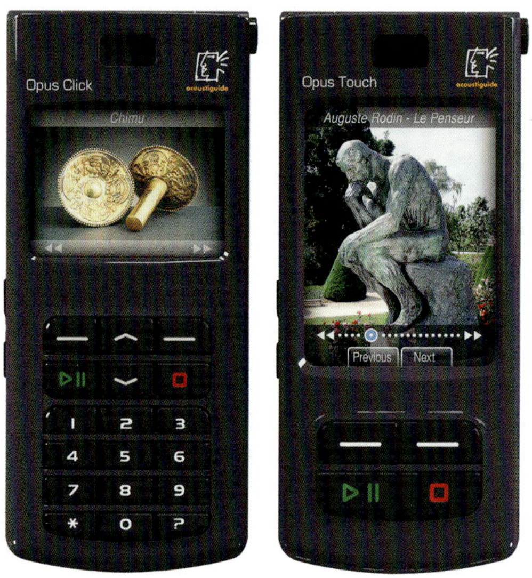

die größten (und nicht selten durch Synchronrollen oder TV-Genres stark vorbelasteten) Stimmen gebucht, auch muss die Hörregie öfter mit begrenzteren Mitteln und geringeren Zeit- wie Finanzbudgets arbeiten. Im Einzelfall kann dies aber durch Engagement und Begeisterung für ein besonders am Herzen liegendes Projekt wettgemacht werden. Ein niedrigerer Pauschalpreis kann zudem ein Anreiz sein. Es hängt vom jeweiligen Ausstellungskonzept ab, ob einer der großen Anbieter geeignet ist, ob ein kleinerer oder kleinster besser produzieren kann – oder ob unter Mitarbeit von Künstlerinnen und Künstlern oder ausgewählten Besucherinnen und Besuchern ein orts- und projektspezifischer Audioguide entstehen soll.

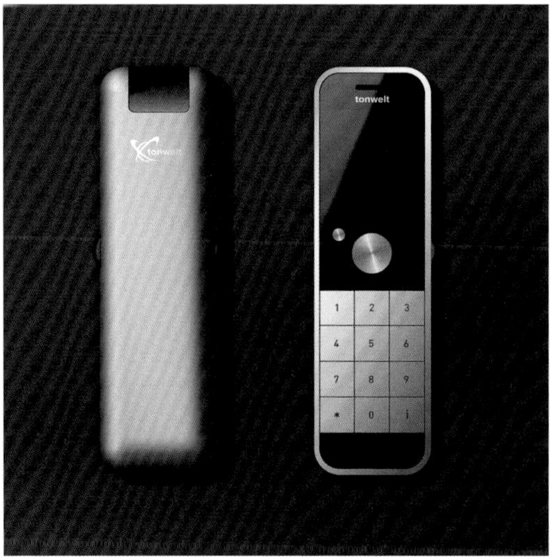

Vom unförmigen »Hörknochen« zum eleganten Smartphone – Design und technische Entwicklung verändern sich rasant.

Aufgaben des Museums

Bevor allerdings ein Anbieter für eine Ausstellung angefragt werden kann, sind die folgenden Fragen zur Produktion und Nutzung des Audioguides einerseits – als auch zum spezifischen Aufbau andererseits zu beantworten:[1]

1. Zur Produktion und Nutzung des Audioguides

- Wer übernimmt die Projektleitung auf Seiten des Museums/der Ausstellung?
- Wie komplex dürfen Technik, Wartung und Geräteausgabe sein – abhängig vom Budget (evtl. Schulung des Museumspersonals)? Sind die Ausleihkosten im Eintritt inbegriffen oder separat zu entrichten? Wie wird auf den Audioguide hingewiesen?
- Erfolgt die Hörtext-Redaktion durch Kurator/innen oder Autor/innen der Audioguide-Anbieter?
- Sind O-Ton-Dokumente vorhanden oder Neuaufnahmen nötig? Wer übernimmt diese Neuproduktion?
- Welchen Charakter sollen Sprecher/innen vermitteln – zwischen humorvollem Spiel und ruhiger Seriosität? Wer übernimmt die Sprech- und Stimmregie?

2. Zum Aufbau des Audioguides

- Soll ein vollständiges Besucherinformationssystem (mit Lenkung der Besucherströme) oder nur ein Zusatzangebot zu einzelnen Exponaten angeboten werden?
- Erfordert die regelmäßige Erweiterung der Sammlung auch eine regelmäßige Erweiterung des Audioguides? Wer übernimmt diese Erweiterung?
- Werden Mehrfachbesuchende, Kinder und Jugendliche, Touristen gesondert geführt? Werden die Abrufstatistiken hierzu genutzt?
- Ist ein linear-vorgegebener oder punktuell-wählbarer Führungsverlauf sinnvoll?
- Welche Funktion hat der Audioguide im gesamten medialen Vermittlungskonzept (z.B. neben Katalog, Website, schriftlichen Kurzerläuterungen vor Ort, filmischen Einführungen)?

Ein Audioguide ist somit mehr als nur ein auditiver Zusatz. Er verändert, ernsthaft umgesetzt, sowohl die kuratorische als auch die museumsdidaktische Arbeit langfristig und von Grund auf. Das Museum wird dadurch ein anderes: es wird ein hörbares Museum.

Anmerkungen

1 Vgl. Ursula Vorwerk: Wie kommt ein Museum zu einem Audioguide? Eine Checkliste, in: Staatliche Museen zu Berlin, Akustische Führungen in Museen und Ausstellungen. Bericht zur Fachtagung im Filmmuseum Berlin 2001. (Mitteilungen und Berichte aus dem Institut für Museumskunde, Nr. 23), S. 6–11 und Constanze Wicke: Fragenkatalog zum Audioguideeinsatz an Museen. Umfrage von Studierenden der Museologie im Rahmen eines Seminars von Prof. Friedrich Figge, HTWK Leipzig, Wintersemester 2006/2007 (unveröffentlicht).

II Ideen und Anregungen

Audioguide selbstgemacht

Module zur Entwicklung eines Audioguide-Projekts mit einer Gruppe

Elke Dillmann

Audioguide-Projekte mit Gruppen sind so unterschiedlich wie die Museen, wie die Autoren, wie die Rahmenbedingungen. Jugendliche im Rahmen eines Schulprojekts, Kinder in einer Ferienaktion oder Senioren im Rahmen eines VHS-Kurses, sie alle können Audioguides entwickeln, und die Ergebnisse werden vielfältig und bunt. Ein einfaches Rezept wie ein solches Projekt gelingen kann, ist schwer zu geben, aber es gibt Module, die sich bei verschiedenen Projekten bewährt haben. Sie mögen als Grundgerüst dienen und lassen sich für die jeweiligen Bedürfnisse modifizieren.

Planung

ist alles – gute Planung erspart im Projektverlauf viel Nacharbeit. Im Vorfeld geklärt werden sollten die klassischen W-Fragen:

Wer …
macht mit? Soll es ein Kinder-, Jugend- oder Erwachsenenguide werden? Welche Partner kommen in Frage? Wo finden sich Sponsoren? Wer übernimmt welchen Part der Organisation, des Coachings?

Was …
soll vorgestellt werden? Ein möglicher Rundgang wird festgelegt, ein Kanon der zu vertonenden Exponate zusammengestellt, möglichst mit Muss- und Kann-Kandidaten, um der Gruppe Entscheidungsspielraum zu geben.

Soll eine lineare Geschichte erzählt werden oder eine sogenannte »Wundertüte« aller akustischen Spielformen? Für die Arbeit mit einer Gruppe eignet sich in der Regel wohl eher Letzteres. Alle Gruppenmitglieder auf eine einheitliche Erzählidee festzulegen ist sehr schwierig und nutzt das Potential, das die Vielfalt der Talente einer Gruppe bietet nicht.

Wie …
soll das Ganze präsentiert werden? Es ist sinnvoll, von Anfang an auch die Abspieltechnik mitzubedenken. Wenn am Ende einfache Ein-Ohr-Hörer verwendet werden, kann man sich aufwändige Stereo-Hörspiel-Produktionen sparen. Wenn das Museum bereits über ein Sound-Design verfügt, Räume mit Musik oder Geräuschen beschallt werden, dann muss der Audioguide darauf Rücksicht nehmen und das Vorhandene einbeziehen.

Welche …
technischen Möglichkeiten stehen für die Produktion zur Verfügung (Aufnahmegeräte, Studio)? Welche unterstützenden Partner können unter Umständen noch ins Boot geholt werden?

Wann …
soll was passieren? Ein klarer Zeitplan von Anfang an schafft Transparenz. Puffer einplanen!

Wo …
soll was stattfinden? Sowohl in Schulen als auch in Museen und insbesondere in Studios müssen Räume reserviert werden.

Reportertraining

Ziel dieses Moduls ist es, die akustischen Gestaltungsmöglichkeiten kennenzulernen und zu üben. Außerdem gilt es, im Umgang mit den Aufnahmegeräten sicher zu werden. Auf dem Programm stehen Übungen zur Handhabung der Aufnahmegeräte, zu Interview, Umfrage, Reportage und Hörspiel.

Für ein Interviewtraining bieten sich die am Projekt beteiligten Experten (Lehrer, Museumspädagogen, Mediencoaches) als Interviewpartner an. Kleingruppen bereiten Fragen vor, führen Interviews vor der Gruppe und bekommen Feedback.

Besonders gut geeignet für das Üben von Reportagen sind die sogenannten »Wundertüten«. In ihnen befindet sich jeweils ein Gegenstand, der vielleicht sogar etwas mit dem Thema zu tun hat. Diesen Gegenstand gilt es zu beschreiben, seine Eigenschaften, seine Funktion, seine Geschichte, und der Rest der Gruppe rät, um welchen Gegenstand es sich handelt.

Ein guter Einstieg ins szenische Gestalten sind sogenannte »Emotionskarten«. Je drei Personen bekommen gemeinsam eine Karte mit einer Empfindung und den Auftrag, diese Emotion in einer zweiminütigen Szene zu vertonen. Wieder muss die Gruppe raten: Um was ging es?

Eine schöne Übung, die alles zusammenführt, ist die sogenannte »akustische Postkarte«: Sucht euch etwas im Museum, das euch gefällt und nehmt eine »akustische Postkarte« auf. Eine Postkarte ist nicht groß, die maximale Länge eures improvisierten Hörstücks beträgt zwei Minuten. Zu einer Postkarte gehört ein Bild, das im Kopf des Zuhörers entstehen soll, das heißt, ihr müsst anschaulich beschreiben, evtl. gibt es auch Geräusche zur Illustration. Auf der Rückseite steht Text – die Erklärung dieses Exponats, Wissenswertes komprimiert auf das, was auf eine Postkarte passt. Überlegt euch ein Konzept für eure zwei Minuten, alle bisher geübten Elemente können vorkommen. Zeit: Nicht mehr als eine Stunde.

Die entstandenen Aufnahmen werden gemeinsam angehört und ausgewertet.

Einstieg ins Thema

Die Gruppe muss einen Zugang zum Thema entwickeln. Der klassische Einstieg ist eine Führung durch das Museum, eine Rallye, verschiedene museumspädagogische Angebote. Oder eine Dichterlesung eines Werks, das sich mit der gleichen Zeit beschäftigt? Der Phantasie sind keine Grenzen gesetzt.

Themenauswahl und Gruppenbildung

Nun müssen die Stationen ausgewählt und Kleingruppen gebildet werden. Als ideale Gruppengröße hat sich ein Dreier-Team bewährt, selbst wenn einer ausfällt, steht der Verbliebene nicht ganz allein da. Erwachsene können auch alleine oder zu zweit die Verantwortung für ein Hörstück übernehmen.

Die Kleingruppen gestalten auf großen Postern Mindmaps zu ihrem Exponat. Eins, in dem sie alles sammeln, was sie schon wissen, eins, in dem überlegt wird, was die Gruppe gerne wissen würde, was die interessanten Aspekte des Themas sein könnten. Diese Plakate werden der Gesamtgruppe vorgestellt und ggf. ergänzt.

Recherche

In diesem Modul geht es darum, Informationen zu sammeln. Die fachliche Begleitung unterstützt bei der Suche nach geeigneter Literatur und geeigneten Ansprechpartnern, stellt vielleicht einen Handapparat für die Projektgruppe zusammen oder einen Reader mit den relevantesten Grundlagentexten. Trotzdem müssen die Kleingruppen in Bibliotheken und Archiven, bei wissenschaftlichen Instituten und im Internet recherchieren.

Jede Kleingruppe legt eine Projektmappe an, in der das gesamte Material gesammelt wird.

Ein wichtiger Schritt ist der Tonschnitt: Auf die Nuancen kommt es an.

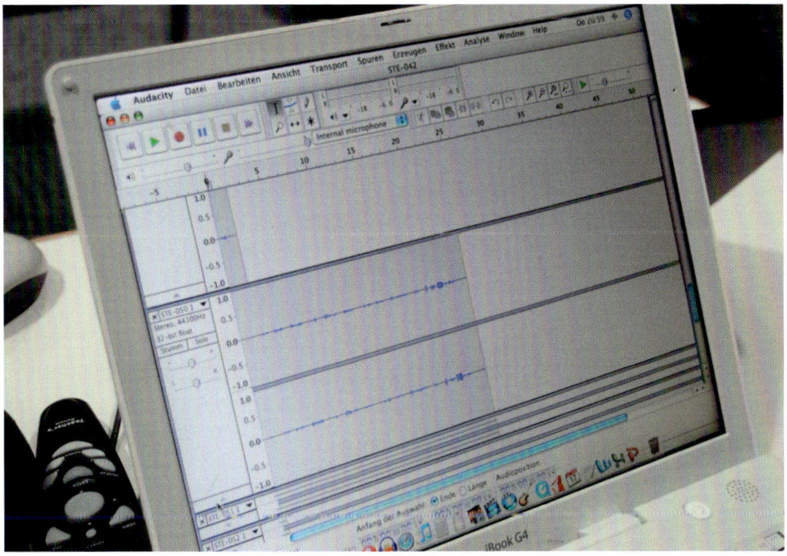

Konzeption der Hörstücke

Jetzt geht es darum, die Form der einzelnen Hörstücke zu planen. Welches Thema eignet sich für ein dokumentarisches Stück, welches für ein fiktionales? Wo sind im Zuge der Recherche schon interessante potentielle Interviewpartner aufgetaucht, skurrile Anekdoten zutage getreten? Oft haben sich neue, interessante Aspekte des Themas aufgetan, oft auch zu viel für ein zwei bis vier-Minuten-Stück. Dann muss gewichtet werden: Welche Geschichte soll das Hörstück erzählen, was lassen wir weg? Mut zur Lücke – lieber einen Schwerpunkt gut erklärt als das Stück mit Informationen überladen! Die Hörstücke werden so weit wie möglich auf dem Papier entwickelt, Fragen an Experten zusammengestellt, Figuren und Plots für Szenen umrissen, Musik und Geräusche geplant.

Aufnahmen

für dokumentarische Stücke werden in der Regel mit mobilen Aufnahmegeräten vor Ort gemacht, Szenen werden im Studio aufgenommen. Manchmal kann es sich anbieten, auch Szenen an den Spielorten einzusprechen, in der speziellen Raumakustik z.B. einer Kirche oder dort, wo die Protagonisten am leichtesten in ihre Rollen finden.

Bei Aufnahmen vor Ort ist es wichtig, auf eventuelle Störgeräusche zu achten, in möglichst ruhigen Räumen aufzunehmen, den Aufnahmepegel im Auge zu behalten (nicht zu laut und nicht zu leise aufzunehmen) und den Windschutz für das Mikrofon nicht zu vergessen. Da jeder Raum seine eigene Klangcharakteristik hat, empfiehlt es sich, immer ein paar Minuten dieses Klangs aufzunehmen und evtl. später bei der Produktion zu verwenden.

Wenn kein Studio zur Verfügung steht, können Szenen auch in einem möglichst schallarmen Raum aufgenommen werden. Oft helfen schwere Vorhänge (oder aufgehängte Decken) um eine Art Sprecherkabine zu bauen und Reflexionen und Halleffekte zu vermeiden.

Geräusche illustrieren und schaffen Atmosphäre, deshalb ist es wichtig, geeignete Geräusche aufzunehmen. Sie müssen klar erkennbar und im entsprechenden Raum aufgenommen sein. Hufgetrappel von Pferden im Stall klingt anders als auf der Koppel, Maschinengeräusche haben feine Unterschiede.

Interviews sollten nach der Aufnahme abgetippt werden, am Transkript lassen sich die Ausschnitte leichter auswählen.

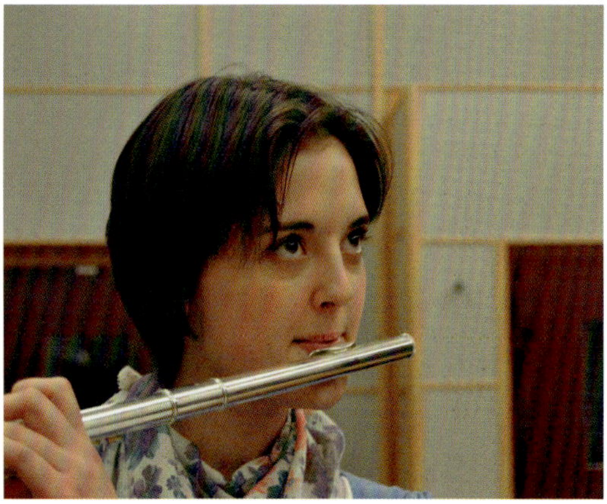

Musik im Hörstück schafft Atmosphäre, am Besten selbstgemacht.

Texten

Sind die O-Töne, die Ausschnitte aus den Interviews oder Umfragen ausgewählt, werden sie eingebunden in erklärenden Rahmentext. Der kann sachlich oder szenisch sein. (Weitere Hinweise zum Texten finden Sie im Beitrag »Elemente zur Gestaltung eines Hörbeitrags«, S. 59–61.)

Audioschnitt

Steht das Manuskript, werden die O-Töne geschnitten. Dazu reicht ein handelsüblicher PC mit der kostenlosen open-source-Software »Audacity« völlig aus.

Schneiden ist nötig, um …

- zu kürzen: Man nimmt immer mehr auf, als man eigentlich braucht. Beim Schnitt werden die unwichtigen Stellen entfernt.
- zu säubern: Kaum ein Gesprächspartner spricht fehlerlos. Beim Schnitt entfernt man Versprecher und Wiederholungen, Räuspern und unnötige Pausen, »ähs« und »mmhs«.
- zu ordnen: Oft benötigt man einzelne O-Töne in einer anderen Reihenfolge oder Zusammensetzung, als der Gesprächspartner sie geliefert hat. Mit dem Schnitt kann man einzelne Passagen herausnehmen und neu zusammensetzen.
- zu konfektionieren: Ein Beitrag oder O-Ton sollte direkt mit einem Wort beginnen oder enden. Beim Schnitt entfernt man Luftholen oder Ausatmen. Außerdem sollte man an den Anfang und ans Ende eine leichte Blende setzen, um die Übergänge sanft zu gestalten.

Beim Schnitt muss allerdings immer der Sinn einer Aussage erhalten bleiben! Man darf dem Interview-Partner nicht nachträglich etwas in den Mund legen, was dieser so nie gemeint hat. Sinnentstellendes Schneiden ist aus ethischen Gründen absolut unzulässig.

Sprechtraining

Welche Stimme passt zu welcher Rolle, welchem Text? Die Gruppenmitglieder werden »gecastet«, die Rollen festgelegt. Nun muss der Text zum Leben erweckt werden, denn durch eine ansprechende, mitreißende Präsentation entsteht die Wirkung des Hörstücks. Phantastische Texte langweilig vorgetragen, sind kein Hörgenuss.

Musikauswahl

Musik verleiht Hörstücken Farbe, transportiert die Zuhörer schnell in ferne Zeiten und Welten, weckt Emotionen – ein unverzichtbares Element bei der akustischen Gestaltung. Bei Hörstücken, die in Museen oder im Internet veröffentlicht werden, stellt sich die Urheberrechts-Problematik. Deshalb empfiehlt es sich, auf GEMA-freie Musik zurückzugreifen. Diese findet sich entweder in entsprechenden Datenbanken im Internet oder wird selbst gespielt und aufgenommen. Mit etwas Phantasie finden sich überall Musiker, seien es Instrumentalisten, die etwas Atmosphärisches auf Gitarre, Klavier oder Flöte improvisieren, sei es die Garagenband um die Ecke, die Saitenmusi, der Kirchenchor, die Blaskapelle oder das Schulorchester.

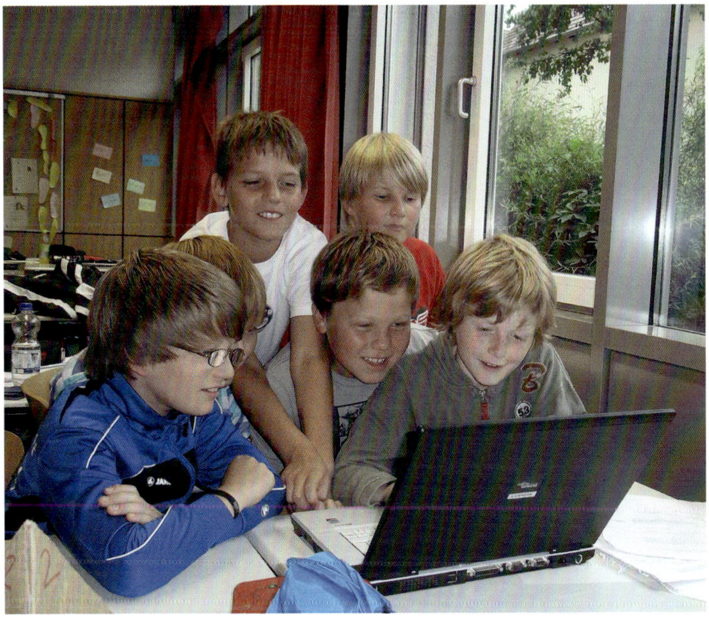

Mit Begeisterung werden die Interviews für den Audioguide am PC bearbeitet.

Produktion

Bei der Produktion wird alles zusammenmontiert: Interview-Ausschnitte, Sprechertext, Szenen, Geräusche und Musik. Jetzt bekommen die Hörstücke ihren Rhythmus, das richtige Tempo und das richtige Timing sind wichtig. Auch die Mischung, die Lautstärke der unterlegten Musik oder Geräusche sind wichtig. Für die Produktion braucht es Zeit und Ruhe, da ist ein gutes Ohr gefragt.

Präsentation

Die fertigen Hörstücke werden der Öffentlichkeit vorgestellt, Presse und Lokalprominenz eingeladen, der Erfolg gebührend gefeiert.

Evaluation

Die Gruppe setzt sich noch einmal zusammen und evaluiert ihr Projekt. Was war gut, was hätte besser sein können? Die Evaluation ist wichtig vor allem für »offene« Projekte, die auf kontinuierliche Weiterentwicklung und Erweiterung angelegt sind.

Wer hat Angst vor Sound?

Zur akustischen Umsetzung von Inhalten

Max Ackermann

Eine Art »Sonifikation«

Für Audioguides spielt das Verhältnis von Inhalt, Form und Sound eine entscheidende Rolle, denn: als akustische Medien werden sie gehört. Damit sind sie eher »Sonifikation« als »Visualisierung«. Interessanterweise meinen derlei Begriffe, zumindest für Naturwissenschaftler, nicht nur das Aufbereiten und Vermitteln von Daten und Zusammenhängen, sondern eben auch das Ermöglichen jeweils unterschiedlicher Erkenntnisse: Wer Daten hört, kommt auf andere Ideen, als wenn er sie sieht. Das gilt für so unterschiedliche Bereiche wie Nanotechnologie und Medizin, Astrophysik und Verkehrsplanung.[1]

Manchmal vermittelt ein einzelnes Wort (wie »Traum« oder »Hölle«) mehr als tausend Bilder und manches Mal ist es ein Geräusch, das mehr als tausend Worte spricht.

Aber was heißt das konkret, beispielsweise im Hinblick auf einen Jugend-Audioguide wie den des Dokumentationszentrums Reichsparteitagsgelände in Nürnberg? Hier wird an einen Ort der Täter erinnert, an Perfidie und Propaganda der Nationalsozialisten, an Aufmärsche und Volksfeste, an monströse Bauvorhaben, an den Horror der »Nürnberger Gesetze« und all das, was folgte. Es war ein Pilotprojekt, für einen solchen Ort einen Audioguide von Jugendlichen für Jugendliche entwickeln zu lassen und damit das ebenso heikle wie irritierende Verhältnis von »Faszination und Gewalt« vermitteln zu wollen, nach dem die Dauerausstellung des Dokumentationszentrums benannt ist. Ein Thema bei dem die Lehrkräfte zur Unterstützung besonders gefragt waren.

Wie also sollen Inhalte akustisch umgesetzt werden? Historiker haben nicht im Wortsinne »Angst« vor Sounds, aber in manchen Gesprächen tauchen gegenüber einem Zuviel an medialer Inszenierung Vorbehalte auf, verkürzend sei sie und verstelle, zumindest tendenziell, den Zugang zur Analyse. In diesem Zusammenhang klingt akustische Gestaltung ganz nach Soundtrack oder Oper. Und sie steht in dem schlechten Ruf, nur um einen »human touch« zu buhlen – also eine Emotionalisierung anzustreben, die im geringsten Falle eine Anbiederung ist, im schlimmsten aber eine Verzerrung von (historischen) Zusammenhängen. Die Museumsmacher unter den Historikern sind mit ihren Einwänden zurückhaltender und verweisen auf die Notwendigkeit, etwas zu präsentieren, sowie auf die mediale Sozialisation ihrer Zielgruppen. Und dennoch sind die meisten Audioguides in den historischen Museen Deutschlands kaum mehr als vorgelesene Geschichtsschreibung: ein Sprecher, ein Tonfall, wenig Regie. Wenn man Vergleiche in Hörmedien suchen wollte, entsprächen sie also eher textlastigen, faktenreichen und nüchtern gelesenen Radionachrichten als einer lebendigen Reportage oder einem Feature, und in ihrem Abwechslungsreichtum – oder genauer, dem Mangel daran – ähneln sie eher einem schlechten Hörbuch als einem Hörspiel.

Zur Vielfalt des Akustischen

Die akustischen Möglichkeiten sind mannigfaltig: unterschiedliche Sprecher und Arten zu sprechen, historische und gegenwärtige Originaltöne (»O-

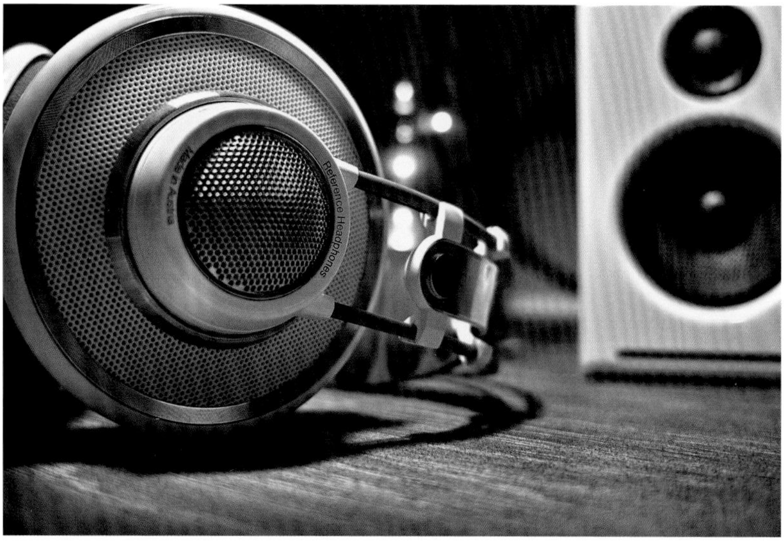

Sound macht Sinn.

Töne«), auch solche aus Umfragen und Interviews (mit Zeitzeugen und Experten). Es gibt Pausen und wechselnde Tempi, die sogenannten »Atmosphären« von Innen- oder Außenräumen oder besonders signifikante Geräusche, um Handlungen und Situationen zu verdeutlichen. Musik eingesetzt als Träger eines Gefühls, um bestimmte Informationen oder Strukturen zu vermitteln, wenn ein Marsch an den Krieg erinnert, oder deutlich wird, dass nach dieser Musik ein neues Thema folgt. Abgesehen davon, dass Musik auch einmal ausreichend Ruhe lässt, um über das eben Gehörte nachzudenken. Und schließlich die Technik: der Schnitt und die Blende, die Mischung aller Bestandteile, Lautstärken, Frequenzen und je nach Hörsituation auch ihre Anordnung im Stereoraum. Von den Möglichkeiten des Digitalen gar nicht zu reden, die beinahe alle Parameter des Hörbaren verfügbar machen.

Doch blieben die üblichen medialen Muster einzig Text und Vorlesung. Und wenn man sich überhaupt für akustische Mittel interessierte, dann eher vorsichtig, etwa orientiert an der klassischen Szene, die ein wenig an Theater, aber auch an Kinderhörspiele erinnert. Ein solches Hörspiel-Element dient auch als Einstieg in den Rundgang durch das Dokumentationszentrum. Drei Männer unterhalten sich in einer Gaststätte – Hintergrundgeräusche inklusive – über ihre desolate Situation, den Ersten Weltkrieg, die Wirtschaftskrise und die Weimarer Republik. Im Radio eine frühe Rede Adolf Hitlers. Und nur zu schnell sind zwei der drei bereit, den markigen Sprüchen Glauben zu schenken. Ein Wechsel der Akustik, man verlässt die Gaststätte und den Beginn der Dreißigerjahre und schon ändert sich die Perspektive und weist in die Gegenwart.

Ein Audioguide-Beitrag zu Hitlers »Mein Kampf« orientiert sich schon stärker am Radiojournalismus, an einem »Mini-Feature«, das aus mehreren Teilen besteht und verschiedene Formen vermischt. In diesem Fall sind es Umfragen, ein Experteninterview, eine Szene, Zitate, Geräusche und Musik. Eine anfängliche Umfrage macht klar, dass keiner der Antwortenden, ob alt, ob jung, Hitlers Buch wirklich gelesen hat, und dass obwohl – wie eine Sprecherin mitteilt – bis 1945 zehn Millionen Exemplare verkauft wurden. Schon das Geräusch einer Schreibmaschine versetzt uns in die Haftanstalt Landsberg, in der Hitler sein Buch schrieb. Dann hören wir ein Zitat daraus, das langsam leiser wird. Ein sogenannter »Crossfade«, eine »Kreuzblende« leitet über zum Statement eines Experten, der über Hitlers »Pathos« und seine »Satz-Fortsätze« spricht... Und genau danach hat es auch geklungen, denn die Blende und das langsame Leiserwerden, erweckten den Eindruck, das Zitat nähme kein Ende. Aus Umfrage, Text und Interview hat man etwas über die frühe Offenlegung von Hitlers Weltanschauung erfahren. Am Ende steht wie am Anfang eine Umfrage als »Akustische Klammer«. Durch eine geschickte Reihung wägen Passanten das Verbot dieser Hetzschrift gegen ihre Freigabe ab. Denn: Welcher Sprengstoff steckt noch immer in diesem Buch?

Was jeweils angemessen ist

Stets geht es um die Angemessenheit akustischer Mittel, wobei Kleines große Wirkungen zeitigen kann. Eine andere Umfrage hingegen zeigt – wir hören ein Tretboot –, was heute aus dem einstigen Reichsparteitagsgelände geworden ist, nämlich ein Ort der Naherholung. Gleichzeitig ist das der Einstieg zu einem Beitrag, der die Frage erörtert, wie sonst eine Stadt mit solch schwerem Erbe umgehen könne, mit diesem – nach Nürnbergs Oberbürgermeister Ulrich Maly – »größten Nazi-Freilichtmuseum der Welt«. Geeignete Sounds von Steinen können Zwangsarbeit in Steinbrüchen anschaulich machen. Der Klang eines Cellos hält einen Beitrag über die »Nürnberger Gesetze« zusammen und wird bedeutsam, wenn als Zeitzeugin die Cellistin Anita Lasker-Wallfisch, eine der letzten Überlebenden des Mädchenorchesters von Auschwitz, von den Auswirkungen dieser »Rassengesetze« erzählt.

Aber immer bleibt kritisch zu diskutieren, was wie zu hören ist. So kann eine Stimme durchaus einen Verfremdungseffekt erzielen, etwa wenn eine junge Frau ein Zitat liest wie das Folgende zum Krieg gegen die Sowjetunion: »Der Kommunist ist vorher kein Kamerad und nachher kein Kamerad. Es handelt sich um einen Vernichtungskampf.«[2] Aber: Braucht es immer eine »Akustische Dopplung«? Das heißt: Wenn etwas erzählt wird, muss es dann auch als Geräusch zu hören sein? Im Extremfall, wenn sich Hildegard Hamm-Brücher als Zeitzeugin an Sophie Scholl erinnert und zugibt, ein Flugblatt, das in der Universität München zum Widerstand aufrief, schnell zerrissen und die Toilette hinunter gespült zu haben.

Näher ran an die Objekte

Und noch eine ungeahnte Schwierigkeit zeigt sich bei konkreten Arbeiten: Manche Audioguide-Macher, die bereits Erfahrungen mit Radio machen konnten, neigen dazu, mit ihren »Umsetzungen« von Tafeln oder Vitrinen abzuschweifen. Gewohnt an die Ortsunabhängigkeit und das »Kino im Kopf«, wie sie der Hörfunk verspricht, vergessen sie Tafeln und Objekte und »fliegen« mit ihren Themen gleichsam davon. Aber Audioguides sind eben kein Radio, vielmehr eine Tonspur zu etwas anderem, das vorgegeben, das zu sehen und vielleicht sogar zu berühren ist. Das betrifft schon die konkrete Hörsituation in Ausstellungen: Und eben dort spielen Audioguides ihre Stärken aus, wo die Akustik mit einem Objekt interagiert.

Wie beispielsweise klingt ein Ausstellungsobjekt oder wie hat es geklungen? Wie klang der Kontext, in dem es wirkte? Wie etwa könnte sich eine Szene angehört haben, in der es eine Rolle spielte? Welche Reaktionen ruft es heute hervor? Wie spricht jemand, über seinen thematischen Kontext oder seinen historischen Hintergrund? Und was wären Begriffe, mit denen das Objekt in Verbindung steht? Kurzum: Wie wäre es zu interpretieren?

Was zum Beispiel bedeutet ein bestimmtes Bild?

Dazu ein letztes Beispiel: Wir sehen die großformatige Fotografie eines Aufmarsches. Es ist ein Fackelzug zur Feier der sogenannten »Machtergreifung«. Aber nur auf den ersten Blick, denn: Was zeigt uns das Bild, wenn ein Audioguide-Beitrag entlarvt, dass es nachgestellt wurde? Und was sehen wir alles mehr und vor allem besser, wenn deutlich wird, wie sehr Nationalsozialisten von Anfang an auf Wirkung bedacht waren und wie sehr die Lenkung des Blicks zu ihrem Selbst- und Geschichtsverständnis gehörte? Dieses Bild hätte uns ohne Kommentar keine tausend Worte erzählt, und wenn, dann die falschen.

Anmerkungen

1 Florian Dombois: Sonifikation. Ein Plädoyer, dem naturwissenschaftlichen Verfahren eine kulturhistorische Einschätzung zukommen zu lassen. In: Petra Maria Meyer (Hg.): Acoustic turn. Inkl. 2 DVDs. Paderborn, 2008, S. 91–102.

2 Halder, Franz: Kriegstagebuch. Tägliche Aufzeichungen des Chefs des Generalstabes des Heeres 1939–1942, Bd. 2: Von der geplanten Landung in England bis zum Beginn des Ostfeldzuges. Stuttgart 1963, S. 335.

Elemente zur Gestaltung von Hörstücken

Ein Methoden-Glossar

Elke Dillmann

Am Beginn jeder Arbeit steht die Themenauswahl. Welche Exponate sollen im Audioguide vorkommen? Welche eignen sich für eine akustische Umsetzung?

Schritt zwei ist die Recherche:
- Welche Informationen stehen im Museum bereits zur Verfügung? Die müssen im Audioguide nicht noch einmal vorzukommen.
- Was ist darüber hinaus am Thema interessant?

Anschließend folgt die Stoffsammlung, dafür eignet sich am Besten eine Mindmap:
- Was weiß ich schon?
- Was weiß ich noch nicht? Was will ich herausfinden? Was interessiert mich/meine Hörer?
- In welcher Form lässt sich die Information am ansprechendsten transportieren?

Der Kreativität ist bei der Gestaltung der Hörbeiträge keine Grenze gesetzt. Natürlich lädt das Medium zum Spielen ein, mit Sounds – Geräuschen, Musik, Stimmen und Klängen. Warum nicht einmal musikalisch an ein Thema herangehen, eine Geräusch-Collage kann Informationen ganz anders vermitteln als Sprache. Mut zum Experiment! Im Folgenden seien trotzdem die gebräuchlichsten Formen kurz dargestellt und ein paar Tipps zur hörfreundlichen Gestaltung gegeben.

Der Text

Hören ist eine grundsätzlich andere Rezeptionssituation als Lesen. Hören funktioniert linear, das heißt, eine Information, die der Hörer nicht beim ersten Mal versteht, ist verloren. Der Hörer kann nicht zurückblättern, er hat auch keine optischen Gliederungshilfen wie Zwischenüberschriften, verschiedene Schriftarten oder auch nur Absätze. Daraus leiten sich Regeln ab, wie hörfreundliche Texte formuliert sein sollten. Nutzen Sie die folgende Aufzählung als eine Art Checkliste, wenn Sie ihre Texte kritisch redigieren!

- Kurze, übersichtliche Sätze. Eine Information pro Satz genügt
- Verb nach vorn, zweiteilige Verben möglichst nah zusammen
- Innerhalb des Textes die wichtigste Information nach vorn – eins nach dem anderen erklären
- Zentrale Begriffe, Namen wiederholen. Vorsicht mit Synonymen, sie können verwirren
- Fremdwörter und Fachbegriffe vermeiden oder sofort erklären
- Nominalstil wirkt hölzern und trocken – Wörter mit -ung, -heit, -keit vermeiden bzw. zu Verben auflösen
- Aktiv ist besser als Passiv, Präsens besser als Perfekt, in der gesprochenen Sprache fast nie: Präteritum
- Anschaulich beschreiben, Unbekanntes anhand von Bekanntem erklären
- Vorsicht vor Überfrachtung mit Adjektiven
- Relative Zahlen sind oft besser als absolute (jedes fünfte Kind statt 245 000 Kinder)
- Runden (ca. ein Drittel statt 33,25 %)
- Bei Zahlenreihungen (z.B. Lebenläufe) Varianten: 1978 … drei Jahre später …, in seinem 18. Lebensjahr …

- Abstrakte Zahlen konkretisieren (so groß wie eine Männerhand statt ca. 20 cm groß)

Das Interview

Aus den Interviews gewonnene Original-Töne verleihen Hörstücken Authentizität und Farbe.

Mögliche Interviewpartner:
- Betroffene (z.B. Zeitzeugen, Gewährspersonen)
- Experten, Wissenschaftler, aber auch »Praktiker« (Handwerker, Forstwirte, Andenkenverkäufer)

Kriterien bei der Auswahl eines geeigneten Interviewpartners:
- in der Sache kompetent
- sprachlich gewandt
- angenehme Stimme

Vor dem Interview:
- Stichwortzettel vorbereiten, keine ausformulierten Fragen, evtl. als Mindmap, das macht flexibler in der Interviewführung als ein starrer Fragenkatalog

Beim Interview:
- Den Raum auf Störgeräusche überprüfen. Handys aus, Telefon abstellen, Fenster zu, Klimaanlage, Faxgerät und Netzwerkdrucker ausschalten.
- Eine Minute einfach nur den Raum aufnehmen – jeder Raum hat seinen eigenen Klang und vielleicht möchten Sie später beim Schneiden eine Pause einfügen.
- Das Mikrofon möglichst nah an den Mund des Gesprächspartners halten – eine Faust Abstand. Trick: unterhalb des Munds, außerhalb des Gesichtsfelds kann man nah heran, ohne zu aufdringlich zu wirken. Nie: Das Mikrofon aus der Hand geben!
- Zuhören und das auch zeigen! Nicken, schmunzeln, nonverbal reagieren auf das, was der Gesprächspartner sagt. Nicht: »therapeutisch grunzen« = mmh, ah ja, …, das wirkt auf der Aufnahme extrem störend.
- Variieren zwischen unterschiedlichen Frageformen – offene, geschlossene Fragen, je nach gewünschter Antwort und Erzähltyp. Eine gute Variante: Szenische Fragen: »Beschreiben Sie doch mal, erzählen Sie doch mal, wie ist das genau? Können Sie mir das am Beispiel er-

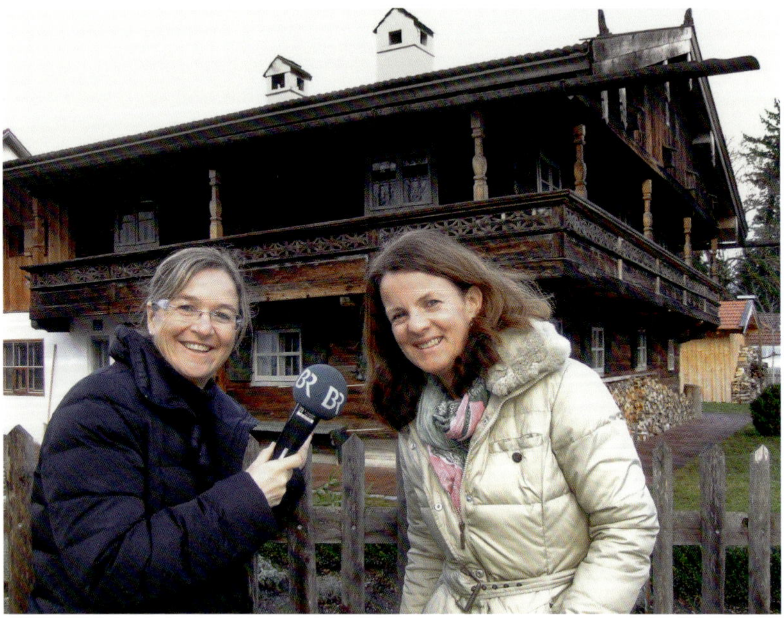

Ein Volkshochschulkurs bringt die Geschichte des Wagnerhauses in Oberhaching zum Klingen.

klären?« Solche Fragen bringen den Gesprächspartner zu anschaulichen, bildhaften, sinnlichen Antworten.
- Nachfragen, eingehen auf das, was der Gesprächspartner gesagt hat. Unklares noch einmal konkretisieren lassen, nach Beispielen fragen. Evtl. auch: »Das war jetzt sehr spannend für mich, um den Zusammenhang zu verstehen, aber ich glaube, so ausführlich brauchen wir es gar nicht. Könnten Sie das Wesentliche noch mal kurz zusammenfassen?«
- Oft lässt nach dem eigentlichen Interview die Nervosität nach, der Gesprächspartner wird lockerer und beginnt, zu erzählen. Keine Scheu, das Aufnahmegerät noch einmal anzuschalten!
- Gleich vor Ort die Aufnahme überprüfen! Falls es technische Pannen gegeben hat, das Interview sofort wiederholen.

Nach dem Interview:
- Geeignete O(riginal)töne auswählen. Dabei gilt: Sachinformationen und Fakten lassen sich im Museum hervorragend auf Tafeln erklären und eventuell mit Grafiken illustrieren. Alternativ können sie auch im Sprechertext kurz und prägnant zusammengefasst werden. Die große Stärke von O-Tönen ist ihre Authentizität, das, was nur dieser Mensch so sagen kann, also Persönliches, Emotionales, selbst Erlebtes, Überraschendes, Unerwartetes. Diese O-Töne liefern einen echten Mehrwert für das Hörstück.

O-Töne können für sich stehen, sie können aber auch mit Text, Geräuschen und Musik zu einem Stück verwoben werden.

Die Umfrage

Eine Umfrage stellt die Meinung vieler zu einem Thema dar. Viele Menschen werden befragt, anschließend die Antworten kurz und prägnant hintereinander geschnitten. Die Umfrage öffnet ein Thema nach vielen Seiten. Sie bietet die Möglichkeit, schnell viele verschiedene Implikationen eines Themas darzustellen – oder gerade das Gegenteil, Vorurteile und Nicht-Wissen der Befragten zu dokumentieren und damit die Notwendigkeit, das Thema zur erläutern.

Eine Umfrage ist nicht nur inhaltlich vielfältig, sie ist auch akustisch ein farbenfrohes Element, sie lebt von vielen unterschiedlichen Stimmen. Außerdem bietet sie dem Hörer Raum zur Identifikation und bindet ihn damit. Er fragt sich: Was hätte ich gesagt?

Für eine gute Umfrage braucht man:
- **Eine** gute Frage
  - Offen
  - Relevant
  - Ggf. nachhaken, aber nie: die Grundfrage variieren, sonst passen die Antworten später nicht mehr zusammen.
- **Einen** guten Ort
  - Gleichmäßige Hintergrundgeräusche, nicht: Teil 1 an einer vielbefahrenen Straße, Teil 2 im Park aufnehmen, auch das verhindert eine stimmige Collage
  - Wo Menschen sind, die Zeit haben
- **Viele** gute Gesprächspartner
  - Männer, Frauen, Kinder abwechselnd
  - Verschiedene Aussagen
- Gute Reporter
  - Freundlich und souverän auf die Menschen zugehen
  - Nicken, lächeln, Interesse signalisieren
  - Mit hoher Frustrationstoleranz und Hartnäckigkeit
- Eine gute Montage
  - Der Anfang entscheidet, ob der Zuhörer dranbleibt, der Schluss bleibt in Erinnerung. Deshalb: die zwei stärksten Aussagen an Anfang und Schluss.
  - Kleine Überblendungen kaschieren Brüche in der Geräuschkulisse. Notfalls: ein durchgängiges Geräusch- oder Musikbett unterlegen.

Szenisches

Manche Themen lassen sich sehr gut in kleinen Hörspielszenen umsetzen.
Eine gute Szene braucht:

- Interessante Figuren. Die Figuren müssen klar charakterisiert sein und sich unterscheiden.
- Eine kurze Exposition, in der die Figuren vorgestellt werden.
- Einen Konflikt, der Spannung erzeugt. Entweder zwischen den Figuren oder immanent in der Geschichte: Schaffen sie es oder schaffen sie es nicht?
- Eine Auflösung, die so oder so sein kann, das Ende kann auch offen bleiben, aber ein klarer Schluss muss sein.
- Nicht unbedingt einen Erzähler, manchmal funktioniert es auch ohne. Ein Erzähler kann verschiedene Haltungen einnehmen, er kann beobachten oder beteiligt sein, allwissend oder mitten im Geschehen. Ein Erzähler hilft bei Zeit- und Ortswechseln in der Geschichte.
- Stimmige akustische Räume. Wenn professionelle Studiotechnik zur Verfügung steht, kann man jeden beliebigen Raum simulieren. Wenn nicht, am besten am authentischen Ort aufnehmen. Das Museum klingt in der Regel weder nach Waldwiese noch nach Beichtstuhl.
- Gute Sprecher. Stimme ist das, womit der Inhalt transportiert wird. Eine Stimme kann männlich oder weiblich, traurig oder lustig, laut oder leise, kratzig oder weich sein. Der Satz »Ich habe einen Hund« hat völlig unterschiedliche Aussagen, wenn er drohend (Aussage: »Hey, Mann! Pass bloß auf! Mein Hund beißt!«) oder traurig (Aussage: »Ich hätte aber viel lieber eine Katze!«) gesprochen wird.
- Akustische Gestaltung mit Geräuschen und Musik.

All diese Elemente lassen sich natürlich auch wunderbar mischen. Warum nicht O-Töne aus Interviews in eine Szene einbauen, einen Text mit Umfrage O-Tönen illustrieren …

Ein Blick in die Zukunft

Die Technik und was sich daraus machen lässt

Markus Melcher

Die Vielfalt ist groß, und die Möglichkeiten scheinen fast schon unendlich. Von einfachen festinstallierten »Telefonhörern« über tragbare Audioguides mit Zifferntastatur bis hin zu hochkomplexen portablen Multimediageräten reicht die Bandbreite des technisch Machbaren, wenn es um moderne elektronische Ausstellungsführer geht. Doch bei aller Begeisterung für neue Möglichkeiten steht natürlich die Eignung für den vorgegebenen Einsatz im Vordergrund. Schließlich geht es in erster Linie nicht um ein buntes elektronisches Spielzeug, sondern um die eigentlichen Ausstellungsstücke. Und auch hier sind die Unterschiede enorm: Für eine räumlich eng begrenzte Ausstellung in geschlossenen Räumen wird z.B. eine andere Navigation nötig sein als für ein Freilichtmuseum, dessen Exponate auch über Kilometer verstreut liegen können.

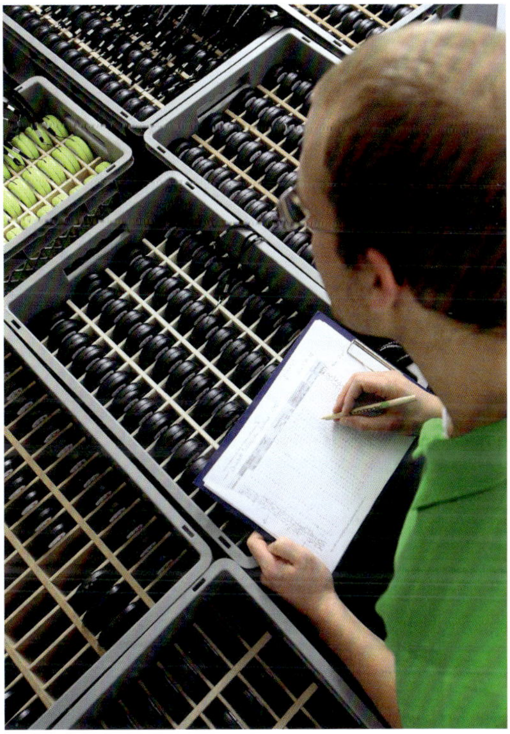

Im Museum muss eine Person für die Ausgabe und Aufbewahrung der Leihgeräte verantwortlich sein.

Navigation und Orientierung

Dieses Thema ist überhaupt oft eines der interessantesten Features neuerer Guidesysteme. Im Gegensatz zu den verbreiteten Audioguides mit einer Zifferntastatur zur Anwahl von gespeicherten Erklärungen können modernere tragbare Museumsführer feststellen, wo sich der Besucher innerhalb der Ausstellung befindet und so gezielte Informationen anbieten. Für diese Besucherortung gibt es unterschiedliche technische Lösungen. In kleinräumigen Ausstellungen wird die Ortung gerne über Kommunikationssysteme für den Nahbereich wie z.B. Infrarot oder Funk (Bluetooth) vorgenommen. Damit lässt sich der Standort mit einer Genauigkeit im Meterbereich, manchmal sogar bis auf wenige Zentimeter feststellen. Allerdings wird dafür im Allgemeinen die Installation von diversen Positionsbaken (Peilsendern) nötig, die auch noch auf eine eigene Stromversorgung angewiesen sind – das macht diese Art der Ortung meist recht aufwändig. Für die Infrarotkommunikation müssen die meisten Geräte zudem speziell

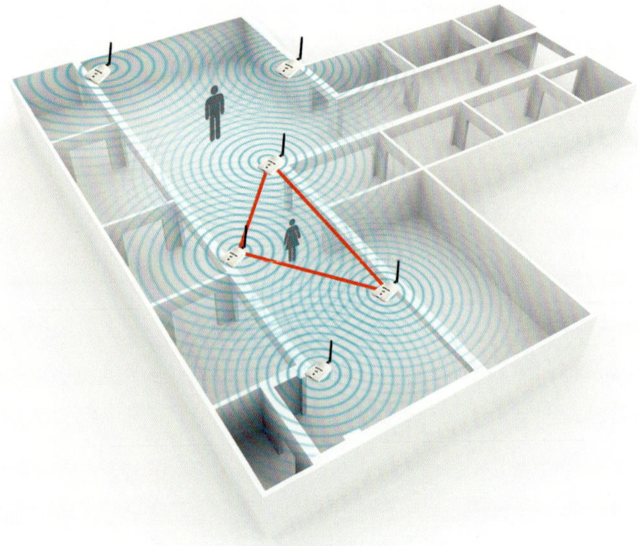

In geschlossenen Räumen kann der Standort durch Funkpeilung mit eigens installierten Sendern festgestellt werden.

nachgerüstet werden, da diese Technik in den Smartphones und PDAs, die heute oft die Basis multimedialer Guidesysteme bilden, kaum noch gebräuchlich ist. Im Unterschied zur Funktechnik Bluetooth ist die Datenübertragung oder Peilung bei Infrarot auf eine unverstellte Sichtverbindung angewiesen. Auch Reflexionen oder direktes Sonnenlicht können hier die Kommunikation beeinträchtigen.

Eine etwas einfachere und dabei sehr präzise Methode ist das direkte Anpeilen bestimmter Punkte mit dem Gerät. Hier muss der Besucher selbst aktiv werden und markierte Punkte oder Exponate anvisieren, worauf das Gerät einen RFID-Tag oder ein Etikett mit einem Barcode erkennt. Ein Vorteil dieses Verfahrens ist sicher der geringe Aufwand für die Installation, denn Etiketten lassen sich einfach aufkleben oder auch austauschen, wenn sich die Ausstellung ändert. Dazu können so auch einzelne Exponate, z.B. innerhalb einer Vitrine, gezielt angesprochen werden. Weil die Reichweite dieser Technologien aber meist auf wenige Zentimeter begrenzt ist, wird es nötig, den Besucher auf diese »Hotspots« aufmerksam zu machen. Das kann beispielsweise über auffällige Symbole passieren, die dann allerdings wieder die sorgsam konzipierte und gestaltete Optik der Ausstellung stören können. Und auch für das Erfassen dieser Markierungen wird erneut spezielle Hardware fällig. Im Gegensatz zu der oben beschriebenen »Grobortung« eignen sich Funkverfahren für den Nahbereich wie Bluetooth oder WLAN für diesen Anwendungsfall kaum, da sie ungerichtet arbeiten und nur feststellen können, dass sich das Gerät in einer gewissen Nähe zur Basisstation befindet, aber nicht, wo genau.

Mittlerweile gibt es zum Lesen von Barcodes auch schon Softwarelösungen für handelsübliche Smartphones. Damit benötigt man keine aufwändigen Nachrüstungen mehr.

Für die Standortbestimmung in räumlich ausgedehnten Ausstellungen, also in Freilichtmuseen oder für Stadtführungen, bietet sich das mit Satellitenpeilung arbeitende Global Positioning System (GPS) an. Es liefert eine Position bis auf wenige Meter genau und ist heute so verbreitet, dass viele Basisgeräte entsprechende Navigationsfunktionen schon eingebaut haben. GPS funktioniert allerdings nur im Freien, wenn ein einigermaßen unverstellter Blick zum Himmel gewährleistet ist.

Barcode-Erkennung

Die gute Nachricht: In vielen Fällen ist eine so ausgeklügelte Positionsbestimmung gar nicht unbedingt notwendig. Die großen, berührungsempfindlichen Displays der heutigen Gerätegeneration schaffen auch so schon Möglichkeiten für eine übersichtliche Navigation durch ein großes Informationsangebot. Das kann über Menüs funktionieren, evtl. in Verbindung mit visuellen Hinweisen in der Ausstellung selbst, oder auch über einen interaktiven Lageplan, der dem Besucher auch gleich noch die Orientierung erleichtert. Schließlich will der Besucher ja nicht nur wissen, wo er sich befindet, sondern auch, wo weitere für ihn interessante Bereiche der Ausstellung sein könnten. Eine Übersichtskarte mit einfach zu bedienenden Scroll- und Zoomfunktionen liefert hier einen größeren Nutzwert als die reine Positionsabfrage. Hier ist auch Platz für weitere Vorschläge für Wege durch die Ausstellung, beispielsweise mit verschiedenen thematischen Schwerpunkten.

Vom Hörlöffel zum Smartphone

Parallel zur Positionsbestimmung stellt sich eine grundsätzliche Frage nach der Art und Herkunft der zu verwendenden Geräte. Derzeit gibt es zwei Hauptphilosophien: Entweder man setzt auf speziell für den Einsatz als Ausstellungsführer gebaute Einheiten oder man verwendet die heute schon sehr verbreiteten tragbaren Audio- und Videoplayer bzw. Smartphones. Wegen der Großserienfertigung sind letztere im Anschaffungspreis oft sehr attraktiv und bieten ein breites Anwendungsspektrum, das sich allein durch entsprechend entwickelte Software nutzen lässt. Allerdings können Probleme beim längerfristigen Einsatz dadurch entstehen, dass üblicherweise schon nach sehr kurzer Zeit die nächste Generation von Geräten und Betriebssystemen erscheint und die Ersatzbeschaffung für die defekten Geräte schnell problematisch wird. Auch die Weiterentwicklung der Inhalte und der meist eng damit verbundenen Software wird nach einigen Jahren zunehmend schwieriger, wenn man nicht kontinuierlich dabei bleibt. Gerade die einfach aufgebauten, robust und langlebig ausgelegten Guidesysteme mit wenigen simplen Funktionen können hier mit höherer Investitionssicherheit punkten – allerdings auch nur, wenn die Inhalte nicht zu multimedial geplant werden. Bei komplex aufgebauten Systemen mit vielen Features sind z.B. für gängige Android-Smartphones eher Entwickler mit entsprechender Erfahrung zu bekommen als für geschlossene Systeme eines einzelnen Herstellers. Dazu kann bei der Softwareentwicklung für Smartphones auch gleich eine kleine Applikation abfallen, die sich interessierte Besucher vorab auf ihr privates Gerät herunterladen können.

Software

Nicht nur die Endgeräte spielen eine Rolle, auch die dahinterstehende Technik für die Inhaltserstellung. Bei reinen Audioguides ist die Produktion der Texte heute mit relativ einfachen Mitteln machbar, auch Fotos (zum Beispiel von Exponaten in ihrem ursprünglichen Kontext) oder kurze Videos sind für sich genommen heute keine große technische Herausforderung mehr. Gerade die multimedial ausgelegten Systeme werden aber sehr viel interessanter, wenn die Inhalte untereinander und mit der Ausstellung als solcher verzahnt sowie mit einer maßgeschneiderten Benutzerführung angeboten werden. Wenn Anwendungen wie z.B. ein Quiz oder eine spielerische Schnitzeljagd durch das Museum angedacht sind, muss dafür oft auch spezielle Software geplant und entwickelt werden, bei der diese enge Verbindung von Ausstellungsstücken, Bildern, Texten und der Steuersoftware umgesetzt wird. Der Aufwand für eine solche Herangehensweise wird schnell um ein Vielfaches größer als für das Erstellen und Aufnehmen reiner Sprechtexte.

Wenn dieser Aufwand schon getrieben wird, kann daraus ein Synergieeffekt entstehen, z.B. dass die vorhandenen Inhalte auch für die Bestückung einer Website genutzt werden. Die Content Management Software vieler Guidesysteme bietet diese Möglichkeit schon an und der Trend dürfte sich auch weiter fortsetzen, nachdem das Internet und seine Technologien mittlerweile die Standards auch für multimediale Projekte aus anderen Bereichen definieren.

Mobile Computing: Der Audioguide wird flügge

Sybille Greisinger

Provokant fragte die Tate Gallery kürzlich auf ihrer Online Diskussionsplattform »Tate Debate«: »Should museums make apps?«[1] Einerseits begeistert von den neuen Möglichkeiten, die die Applikationen, kurz Apps genannt, den Museen in den letzten Jahren gebracht haben, treibt viele Institutionen aber auch die Angst um, der Besucher könne zukünftig »nur noch auf kleine Bildschirme starren«[2]. Denn kaum haben sich Audioguides als auditives Instrument der Kunstvermittlung etabliert, tauchen mit ihrer technischen Erweiterung in Form von Smartphone-Apps wiederum alte wie neue Bedenken und Fragen auf.

Die bereits in den 1970er Jahren eingeführten akustischen Touren, damals noch mit Kassettenrekorder ausgestattet, haben einen enormen Sprung vollzogen: Zunächst mit Einführung der Digitaltechnik vor gut zehn Jahren erobern nun Handys als komplexe, digitale Besucherinformationssysteme die Ausstellungsräume. Denn die heutigen Smartphones können und sind weit mehr als nur Telefone. Sie sind Informationsträger, Toolbox, Partizipationskanal, Unterhaltungsangebot und multimediale wie interaktive Plattform. Mittels App können Audioguides den Schritt aus den Museumsmauern hinaus in die Welt machen.

Die Süddeutsche Zeitung zitierte unlängst den Leiter der Internetabteilung des British Museum in London, der in einem Interview den Audioguide gar mit einem »Kurator in Taschenformat«[3] verglich. Nun ist also dieser »Kurator« mittels App kein isoliertes Angebot für die ausschließliche Nutzung im Museum mehr, sondern kann mit Fotos, Filmen, E-Books, interaktivem Raumplan, einer Datenbank- wie Kommunikationsanbindung über *Social Media* Plattformen oder *Augmented Reality* (kurz *AR* = erweiterte Realität, die computergestützte Erweiterung der menschlichen Realitätswahrnehmung) angereichert, zu einem umfangreichen multimedialen Angebot werden, das zu Hause wie unterwegs genutzt werden kann. Es ist eine Erweiterung des Kulturraumes über seine physischen Begrenzungen hinaus. Nicht nur aufgrund der weltweiten Reichweite im Netz, sondern auch der technischen Möglichkeiten wegen, die den Ausstellungsraum in den digitalen Raum hinein vergrößern. Gemeint sind hier Projekte wie *art invasion*[4] im Museum of Modern Art (MoMA) in New York, wo über *Augmented Reality* eine virtuelle Ausstellung in der Ausstellung inklusive einem zusätzlichen Stockwerk visualisiert wurden.

Einige Zahlen und Fakten, die tatsächlichen technischen Möglichkeiten einer App sowie einige Best-Practice Beispiele sollen im Folgenden in das Medium App einführen, den Horizont des Machbaren, des Wünschenswerten wie Notwendigen ausloten sowie eine Entscheidungshilfe bei der Planung von zukünftigen Vermittlungsangeboten bieten.

Zahlen und Fakten 2011

In Deutschland ist die Internetnutzung im Jahr 2011 auf rund 52 Millionen gestiegen.[5] Bereits 22% dieser Onliner besitzen ein Smartphone oder einen *Tablet-PC*. 17% haben Apps installiert. Die ARD/ZDF-Onlinestudie zählt »Apps« gar zu den Erfolgsgeschichten der letzen zehn Jahre, da sie weltweit mehr als zehn Milliarden Mal herunter geladen wurden.[6] Während die Zahlen für reine Audiodateien im Internet hinter den Erwartungen zurückbleiben – die ARD/ZDF-Onlinestudie stellte einen Rückgang bei der Nutzung von Audiopodcasts von 2007 zu 2011 um 4% fest[7] – nahm zeitgleich beispielsweise das Abspielen von Videodateien gesamt von 45% im Jahr 2007 auf 68% 2011 weiter zu.[8]

Auch weltweit betrachtet ist für 2011 ein wirkliches Novum zu verzeichnen, denn zum ersten Mal verschifften die Hersteller mit 487,7 Millionen mehr Smartphones als Computer (414,6 Millionen: Desktop, Laptops, Tablet-PCs).[9]

Mobile Computing (Mobile Datenverarbeitung) wird somit in den nächsten Jahren weiterhin an Bedeutung gewinnen und damit auch die hiermit verbundenen Themen wie *Responsive Webdesign (Reagierendes Webdesign)* oder *Anwendungen (Apps)*. Als Ausdruck dieser Entwicklung kann im Museumsbereich mit Blick auf Bayern die im Februar 2012 relaunchte Webseite des Hauses der Kunst in München angeführt werden, die gemäß ihrem neuen Mottos »Stretch your view – erweitere Deinen Blick« nun ganz auf Partizipation und Flexibilität setzt.[10] Das *Responsive Design* der Seite ist dabei so aufgebaut, dass sie dynamisch auf die jeweilige technische Anforderung (PC oder Smartphone) reagiert. Angereichert mit Kommunikations- und Interaktionsmöglichkeiten, kontextualisiertem Crosslinking sowie der Einbindung aller vom Haus bespielten Social Media Plattformen wird dort dem Thema »Apps und Audioguides« nun auch ein eigener Bereich unter »Lernen« gewidmet. Neben einer Vielzahl früherer Audioguides findet sich auch ihre erste, in Kooperation mit der Staatlichen Graphischen Sammlung realisierte App »Kelly in Munich«[11], die anlässlich der Sonderausstellung »Schwarz & Weiß« bzw. »Plant Drawings« zu Ellsworth Kelly für iPhone und iPad konzipiert ist.

Die Idee von Partizipation und Serviceorientierung ist charakteristisch für die aktuelle Entwicklung im Internet, die zukünftig in technischer wie inhaltlicher Sicht noch mehr in diese Richtung

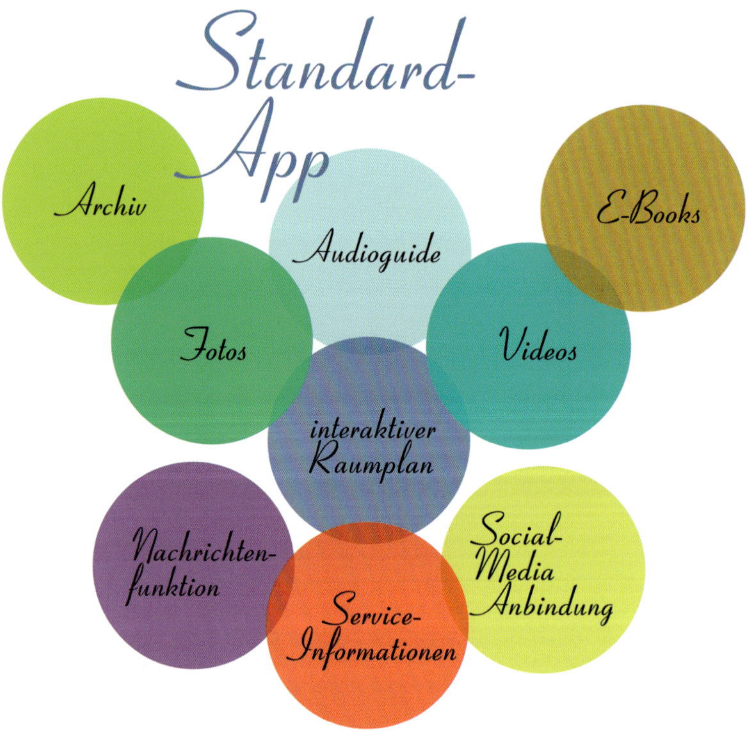

Grafische Umsetzung der Empfehlung für eine Standard-Museums-App nach Holger Simon (Pausanio).

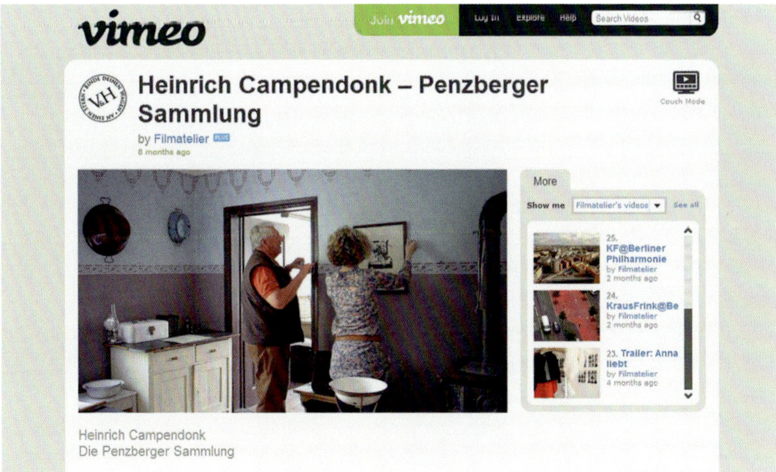

Der Begrüßungsfilm des Stadtmuseums in Penzberg gestaltet nicht nur das Intro der Museums-App, sondern kann auch auf der Webseite wie der Videoplattform Vimeo im Web gefunden werden.

fortschreiten wird. So ist auch eine App eine Maßnahme, den Besucher einzuladen und ihn an der Museumsarbeit, den Forschungsergebnissen wie dem Fachwissen teilhaben zu lassen. Es ist ein Medium, um eine Brücke vom Museum in den digitalen Raum zu schlagen und das Interesse des Museumsbesuchers auch zu Hause zu gewinnen.

Die Museums-App

Bei der Erstellung einer App ist es ratsam, bereits vorhandene Materialien als Basis zu verwenden. Mitunter lässt sich die Navigation parallel zum Aufbau der eigenen Webseite planen und mit Audioguides, Filmen etc. anreichern, die bereits für andere Vermittlungsangebote erstellt wurden. Eine effiziente Contentverwaltung sollte im Vordergrund stehen, um parallele Inhalte auch zentral pflegen zu können. Mittels Schnittstellen im CMS (Content Management System) der entsprechenden Datenbank zur Webseite sowie in reduzierter Form zur App wäre dies gewährleistet.[12]

Den Audioguide als Ausgangspunkt und integralen Bestandteil einer App geplant haben beispielsweise das Stadtmuseum Penzberg [vgl. Beitrag Geiger, S.119–122] wie die Sächsischen Kunstsammlungen Dresden (SKD), die beide einen bereits vorhandenen, für Kinder konzipierten Audioguide in ihre erste App implementierten.

Im Dresdner Fall wurden zum vorhandenen Material lediglich eine Abbildung des jeweiligen Objektes bzw. Raumes sowie Informationen zu den Öffnungszeiten, Anfahrt wie Raumpläne mit der Lokalisierung der im Guide besprochenen Objekte hinzugefügt. Weit attraktiver zeigt sich die App vom Stadtmuseum Penzberg, die anlässlich der Campendonk-Sonderausstellung »LICHT. FARBE. EINSAMKEIT«[13] realisiert wurde. Herzstück ist hier, natürlich neben dem Audioguide, ein auch auf der Videoplattform Vimeo sowie der eigenen Webseite publizierter Begrüßungsfilm, der einen sehr lebendigen Einblick in die Museumsarbeit wie die Sammlung Campendonk gewährt.[14]

Barrierefreiheit bei Apps

Das Thema der Barrierefreiheit sollte bei der Planung eines Audioguides wie bei einer App eine Rolle spielen [vgl. Beitrag Weschenfelder, S. 93–96]. Eine blindengerechte Gestaltung ist etwa beim iPhone ohne zusätzliche Produktionskosten mittels VoiceOver-Funktion, einer Sprachausgabe Software für Sehbehinderte, möglich.[15] Darüber hinaus ist darauf zu achten, Bildbeschreibungen wie Wege in der Ausstellung entsprechend ausführlich zu gestalten. Aus Erfahrung wird eine Einschränkung auf maximal zehn Exponate geraten, danach beginnt die Aufmerksamkeitskurve eines sehbehinderten Besuchers massiv zu sinken.[16] In Museen finden sich bereits Gebärdenvideos im Einsatz, die aber nur für Audioguides zur Nutzung vor Ort konzipiert sind und daher aktuell weder in App-Form noch im Web zugänglich sind. In diesem Bereich haben sich etliche Firmen[17] auf die Erstellung von Gebärdenfilmen spezialisiert, die mittels Smartphone für den Besucher auf einfachste Weise und mit erheblich weniger Kosten für das Museum, durch den Wegfall gesonderter Systeme bzw. Induktionsschleifen, angeboten werden können. Hier befindet sich die Entwicklung sicherlich noch in der Anfangsphase, doch mit steigender Nachfrage wie Bedarf könnten zum Thema Barrierefreiheit entscheidende Verbesserungen angestrebt werden.

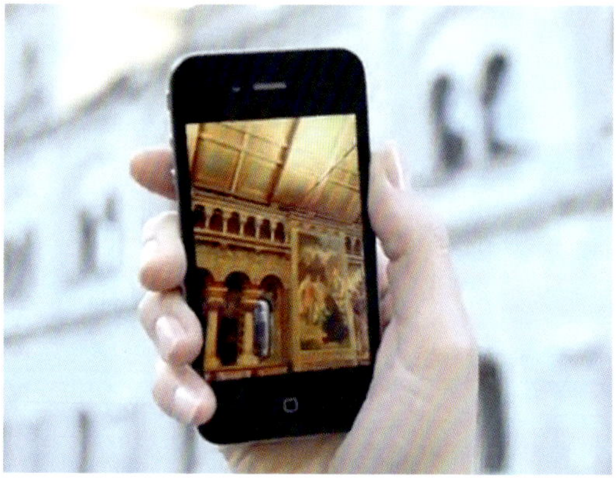

Die Location-Based-Services-App »Ludwig II. – Auf den Spuren des Märchenkönigs« der Bayerischen Staatsbibliothek München bietet dem Besucher per Augmented Reality eine 360°-Grad Ansicht vom Thronsaal wie Sängersaal von Schloss Neuschwanstein.

Museumsguide, Stadtführer, Spiel oder Kunstwerk…

Apps sind im Museumsbereich in vielfacher Weise einsetzbar. Sie können Dauer- wie Sonderausstellungen vermitteln, sowohl Sammlungsbestände präsentieren, wie etwa bei »Dinosaurs«[18] des American Museum of Natural History in New York, als auch Tourguides im städtischen Raum sein. Apps können ganze Regionen erschließen, wie in der Archäologie oft notwendig [vgl. Beitrag Dobat u.a., S. 127–130] oder als Lehrpfad durch Flora und Fauna führen, wie die recht gelungene App des Museum Victoria in Melbourne/Australien »Field Guide«[19] dies zeigt.

Weiterhin interessant sind Applikationen in Form von Spielanwendungen oder von Kunstwerken. »Tate Trumps«[20] sowie der »Muybridgizer« der Tate Gallery in London sind Beispiele für spielerische Anwendungen, die wie im Fall von »Tate Trump« Sammlungsobjekte als funktionsbesetzte Spielmotive einsetzt. Die Fotografie-App, die anlässlich einer Eadweard Muybridge Retrospektive entwickelt worden ist, erlaubt es dagegen, selbst kreativ zu werden und Fotos mittels Filter in den Look des 19. Jahrhunderts à la Muybridge zurückzuversetzen. »How It Is«[21] wiederum, eine App der Tate Modern, entstand in Zusammenarbeit mit dem Künstler Miroslaw Balka und führt den Nutzer in eine rätselhaft duster, verschwommene Bilderwelt. Diese App ist weniger Informationsträger als Kunstwerk und verbindet dennoch online mit offline durch die Integration eines »secret game levels«, der nur im Museum via *GPS* enttarnt werden kann. In eine ganz ähnliche Richtung zielt die internationale Ausschreibung des Zentrums für Kunst und Medientechnologie (ZKM) in Karlsruhe, die 2011 zum ersten Mal den »AppArt Award«[22] für herausragende künstlerische Apps ausschrieb. Die Ergebnisse des Wettbewerbs sind ebenfalls im App-Format verfügbar. Der Wettbewerb soll 2012 fortgesetzt werden.

Und das ist erst der Anfang: Location Based Services (LBS) und Augmented Reality (AR)

Nur wenige Ausstellungshäuser betrachten aber das Smartphone bislang als tatsächlich integralen Teil ihrer Vermittlungsstrategie. Sehr stringent verfolgen diesen Ansatz jedoch das Metropolitan Museum in New York sowie das NRW-Forum in Düsseldorf. So bindet das NRW-Forum zur aktuellen Ausstellung »State of the Art Photography«[23] erstmalig *QR-Codes*[24] *(= Quick Response)* in ihr Ausstellungskonzept mit ein. Neben jeder Fotografie kann so per Scan mit dem Smartphone auf den jeweils passenden Audioguide-Abschnitt beziehungsweise einen erläuternden Text gesprungen werden. Das Haus zeigt sich experimentierfreudig und will mit Hilfe der heute verfügbaren Technik neue Perspektiven in der Museumsarbeit schaffen. So sinnierte Werner Lippert, der Direktor des NRW-Forums, unlängst auf Facebook über den Schritt des NRW-Forums, die Museumstüren für Smartphones offiziell zu öffnen: »Wenn das klappt, werden vielleicht klassische Audioguides eines Tages überflüssig.«[25] Aber eigentlich geht es nicht um ein ›entweder oder‹, sondern darum Synergien zu nutzen und serviceorientiert die Bedürfnisse der Museumsbesucher in den Fokus zu stellen.

Genau dies versuchen auch *Geo-Lokalisierte-Apps*, die über eine *GPS-Funktion* verfügen und so ortsbezogen Empfehlungen aussprechen sowie Ausstellungen, Touren wie Stadtrallyes führen können. Eine sehr exklusive Variante hat die Bayerische Staatsbibliothek 2011 verwirklicht, die mit »Ludwig II. – Auf den Spuren des Märchenkönigs«[26] nicht nur auf den Spuren der Königs zu seinen Schlössern leitet, sondern Dank *Augmented Reality* den Blick in die Innenräume, auf dreidimensionalen Modellen gewährt sowie bereits verschwundene Baukörper virtuell wieder entstehen lässt.

Mittels *AR* können Objekte per Smartphone anvisiert und automatisch mit Informationen überblendet werden. Dies ist insbesondere da sinnvoll, wo Unterzeichnungen oder frühere Raumsituationen sichtbar gemacht sowie 3D-Modelle und Animationen eingebunden werden sollen. Die Vorteile dieser neuen Technologie sind auch in der Archäologie geschätzt, die darauf angewiesen ist, längst Verschwundenes wieder sichtbar zu machen, damit es für den Besucher begreifbar wird. Ein weiteres, wenn auch in Fachkreisen aufgrund der dominierenden Animation etwas umstrittenes Projekt des National Museums in Krakow »Secrets Behind Paintings«[27] sorgte per *QR-Codes* als *Trigger (Auslöseimpuls)* und *AR* für einen wahren Besucherstrom. Zur Eröffnung ihrer frisch renovierten Ausstellungsräume ließen sie Figuren aus den Gemälden zum Leben erwachen, um gerade auch jüngere Besuchergruppen anzusprechen.

Zielgruppen

Der Anteil der mobilen Internetnutzer und somit die potentielle Zielgruppe für Apps, rangiert laut ARD/ZDF-Onlinestudie 2011 in Deutschland zu 28% bei den 14–19 Jährigen; 34% bei den 20–29 Jährigen; 23% bei den 30–39 Jährigen; 16% bei den 40–49 Jährigen; 10% bei den 50–59 Jährigen und 7% bei den ab 60 Jährigen.[28] Die Verteilung bei der aktuellen App-Nutzung konzentriert sich hingegen auf 31% bei den 14–29 Jährigen; 15% bei den 30–49 Jährigen sowie 6% bei den ab 50 Jährigen.[29]

Jede Institution sollte daher ihre reale wie potentielle Zielgruppe gut kennen, wenn sie entscheidet, mit welchem Medium sie wen erreichen will, welche Ansprachemodi oder welche Gestaltung sie wählt, ob sie Leihgeräte zu Verfügung stellen will, oder ob es bei einer Vielzahl an ausländischen Besucher Sinn macht, WLAN sowie einen eigenen Accesspoint im Hause einzurichten, um ein lokales Einloggen ins Web zu ermöglichen.

Unumstritten können Smartphone-Apps Museen bei der Aufgabe, Sammlungsobjekte öffentlich zugänglich zu machen und das darüber gewonnene Wissen zu vermitteln, unterstützen. Sie könnten die Anschaffung von Ausleihgeräten bis zu einem gewissen Grad ersetzten, da der Museumsbesucher die digitalen Guides direkt auf das eigene Smartphone lädt und bereits mit in die Ausstellung bringt. Weiterhin lassen sich Apps sehr gut zur Besucherbindung wie dem Marketing nutzen durch ihre aktuell noch hohe Werbewirkung. Hier empfiehlt sich, neben der Nutzung der App Stores, auch sogenannte »Appetizer« zur Bewerbung bereitzustellen, die in Form von Mitschnitten oder Screenshots einen ersten Eindruck der Anwendung auf *YouTube* sowie der eigenen Webseite vermitteln.

Bei den Herstellungskosten gestalten sich *Web Apps* preislich günstiger als *native Apps*[30] Aber man muss natürlich auch einkalkulieren, dass falls Materialien neu erstellt werden müssen, diese ebenfalls mit Produktionskosten zu Buche schlagen.

Die meisten Museen und Kultureinrichtungen bieten ihre Applikationen kostenfrei an, da es sich um ein Service- bzw. Vermittlungsangebot handelt. Ausnahmen, wie etwa die »Cattelan«-App[31] des Guggenheim Museums in New York zu 2,99 Euro, bieten dafür sehr aufwändig konzipierte Angebote, die trotz des Preises erfolgreich verkauft werden.[32]

Ein Blick in die Zukunft

Um auf die Frage der Tate in London abschließend zurück zukommen, die eingangs gestellt wurde: »Should museums make apps?«, so lautet der Tenor der Antworten, der hierauf folgenden Kommentare kurz zusammengefasst: Ja.

Gerade England gehört international zu den Vorreitern in der Anwendung von moderner Technik und Social Media im Museumsbereich. So richtete die Tate bereits im Jahr 2008 das erste Symposium zum Thema aus. Die »Handheld Conference«[33] umkreist seitdem dieses Medium als Mittel zur Kommunikation im Museum und stellt die Frage: Wie kann man mittels mobiler Endgeräte eine spannende und interessante Museumserfahrung schaffen? Im Hintergrund dieser Veranstaltung läuft seitdem ein weiteres Projekt, das mittels *Wiki* dokumentiert wird. Das »Museum Mobile Wiki«[34] soll eine Plattform für Fachleute sein, um zukünftig gemeinsam Standards für mobile Inhalte im Museumskontext zu erarbeiten. Gerade beginnt das Online-Magazin *Portal Kunstgeschichte* in Deutschland ein ähnliches Projekt, das aber ausschließlich Museums-Apps mittels *App-Check* auf ›Herz und Nieren‹ prüfen will, um deren Qualität offen zu legen, vergleichbar zu machen und für den Einsatz im Museum zu verbessern.[35]

Letztlich entscheidet aber der Museumsbesucher immer selbst, nicht nur welches Medium für ihn am sinnvollsten ist, sondern auch, wann er Zusatzinformationen und weiterführende Inhalte benötigt oder in Kommunikation treten will.

Vielleicht hatte Chris Dercon, der frühere Direktor vom Haus der Kunst in München, jetzt Leiter der Tate Modern, bereits all diese Entwicklungen vor Augen gehabt, als er sein Postulat: »Das Museum der Zukunft ist eine Plattform«[36] formulierte. Denn ein Museum, das Raum für Innovation, Interaktion, Partizipation, Fragen wie Antworten bietet, kann auch heute schon Realität sein und ist ein wirklicher Gewinn.

Anmerkungen

1 Kirstie Beaven: Tate Debate: Should museums make apps?, Blog: http://blog.tate.org.uk/?p=7295, 28.07.2011. Dieser sowie alle folgenden Links entsprechen dem Stand vom 05.02.2012.

2 Alexander Menden: Der tragbare Kurator. Audioguides in Museen werden immer raffinierter. In: Süddeutsche Zeitung, 27.12.2011. Vgl. weiterhin: Regina Franken-Wendelstorf: Digitale Medien im Museum. In: Bernd Wagner; Institut für Kulturpolitik der Kulturpolitischen Gesellschaft (Hg.), Jahrbuch für Kulturpolitik 2011, Band 11 – Thema: Digitalisierung und Internet, Bonn/Essen 2011, S. 168 (S. 165–169).

3 Alexander Menden: Der tragbare Kurator. Audioguides in Museen werden immer raffinierter. In: Süddeutsche Zeitung, 27.12.2011.

4 YouTube: http://www.youtube. com/watch?v=b9T2LVM7ynM sowie http://www.sndrv.nl/moma/ ?page =exhibition&order=level

5 Quelle: ARD/ZDF-Onlinestudie 2011; Birgit van Eimeren; Beate Frees: Drei von vier Deutschen im Netz – ein Ende des digitalen Grabens in Sicht? In: ARD/ZDF-Onlinestudie 2011, Media Perspektiven, MP 7/8 2011, S. 334f. (S. 334–349). Online: http://www.ard-zdf-onlinestudie.de/index.php?id=271 (auch als pdf-Download verfügbar). Basis der Erhebung sind Deutsche ab 14 Jahren.

6 Quelle: ARD/ZDF-Onlinestudie 2011, S. 339. Unklar ist, ob sich diese hier genannten Zahlen ausschließlich auf die im iTunes Store von Apple herunter geladenen *Apps* beziehen. Falls ja, müsste die Zahl erheblich nach oben korrigiert werden.

7 Audionutzung – Podcasts: von 8% im Jahr 2007 auf 4% 2011. Weitere Zahlen zu Audiodateien im Internet unter: http://www.ard-zdf-onlinestudie. de/index.php?id=313.

8 Videonutzung: Genereller Zuwachs von 45% im Jahr 2007 auf 68% 2011; Vorrangig die Nutzung von Videoportalen. Die Nutzung von Videopodcasts blieb dagegen von 2007 zu 2011 mit einem Anstieg zunächst 2008 und 2009 auf gleichem Niveau bei 4%, vgl. http://www.ard-zdf-onlinestudie.de/ index.php?id=312.

9 Quelle: Canalys estimates, 2012, http://www.canalys.com/newsroom/smart-phones-overtake-client-pcs-2011 (pdf: http://www.canalys.com/static/press release/2012/canalys-press-release-030212-smart-phones-overtake-client-pcs-2011_0.pdf).

10 Die Webseite wurde der Seite des Walker Art Centers in Minneapolis (USA) angelehnt, deren Homepage einer Tageszeitung nachempfunden ist. Walker Art Center, Minneapolis: http://www.walkerart.org/; Haus der Kunst, München: www.hausderkunst.de.

11 »Schwarz & Weiß« im Haus der Kunst, München, 07.10.2011–22. 01.2012; »Plant Drawings« der Staatlichen Graphischen Sammlung München in der Pinakothek der Moderne, 07.10.2011–08.01.2012, http://itunes. apple. com/de/app/kelly-in-munich/ id468037998?mt=8.

12 Dies macht sicherlich zunächst einige Anpassungen in der Datenbank-Struktur wie dem CMS notwendig. Doch hier lohnt es sich, entsprechende Änderungen vorzunehmen, da so langfristig weit weniger Aufwand bei der Pflege bzw. Aktualisierung des sich überschneidenden Datenbestandes der verschiedenen Medien anfällt.

13 »LICHT. FARBE. EINSAMKEIT«, Stadtmuseum Penzberg, 02.07.–23.10.2011.

14 Der Film des Stadtmuseums Penzberg ist auf der Webseite unter www.museum-penzberg.de/75.0.html sowie auf Vimeo (http://vimeo.com/23717363) zu finden.

15 Die VoiceOver-Funktion ist bei allen aktuellen Modellen von iPod, iPhone und iPad bereits vorinstalliert. Die Software, die schon auf den Apple Desktop-Betriebssystemen lief, ermöglicht es nun auch bei Smartphones, Schrift wie Aufbau der Seiten in Gesprochenes umzusetzen. Vgl. auch: Felix Knoke: Barrierefrei durch Touchscreens. Warum viele Blinde das iPhone lieben. In: Spiegel Online, 17.10.2010. Online: http://www.spiegel.de/netzwelt/gadgets/0,1518,722400,00.html.

16 Vgl. Informationsmaterial der Acoustiguide GmbH »Barrierefreie Führungen«.

17 Gebärdenfabrik (www.gebaerdenfabrik.de) oder Gebärdenwerk (www.gebaerdenwerk.de) erstellen Gebärdenfilme, die beispielsweise mit den App-Herstellern satelles bzw. Acoustiguide kooperieren.

18 http://itunes.apple.com/de/app/dinosaurs-the-american-museum/id351849237?mt=8

19 http://museumvictoria.com.au/about/mv-blog/mar-2011/field-guide-app-out-now/

20 http://www.tate.org.uk/modern/information/tate-trumps.shtm bzw. http://itunes.apple.com/us/app/tate-trumps/id371670940?mt=8

21 http://itunes.apple.com/gb/app/how-it-is/ id 346192408?mt=8

22 http://www.app-art-award.org/ bzw. http://itunes.apple.com/de/app/appartaward/id446629831?mt=8

23 »State of the Art Photography«, NRW-Forum Düsseldorf, 04.02.–06.05.2012. Das NRW-Forum in Düsseldorf will vielseitig sein und bietet neben ihrer *Web App* (http://m.nrw-forum.de/#home) und einer *native App* (www.nrw-forum.de/iphone_app bzw. http://itunes.apple.com/de/app/nrw-forum/id353917335?mt=8) für iOS und Android auch alle Audioguides auf ihrer Webseite an (www.nrw-forum.de/audioguide_state_of_the_art_photography_mobile/). Am umfangreichsten ist allerdings die *native App* gestaltet, die u. a. mit VoiceOver, Downloads, Social Media Features sowie mit Audioguides mit integrierten Videos ausgestattet ist.

24 Einen QR-Code kann jeder selbst mit der im Web frei zur Verfügung gestellten Software generieren. Das Scannen erfordert ein Smartphone mit Kamera. Die hierzu benötigte Software zur Codeerkennung kann als App im Store kostenfrei herunter geladen werden. Weitere Informationen zum QR-Code bei: Werner Büchele; Sybille Greisinger; Holger Simon: *Neue Wege zur Vermittlung von Kunst und Kultur: Museums-Apps, Augmented Reality und QR-Codes*. In: museum heute 41 (Dezember 2011), Landesstelle für die nichtstaatlichen Museen in Bayern, München 2011, S. 41f. (S. 37–43), pdf-Download, unter: http://www.museen-in-bayern.de/landesstelle/museum_heute.htm.

25 Werner Lippert, Facebook-Post vom 24.01.2012 auf der geschlossenen Gruppe »Museum und Web 2.0«.

26 http://www.bsb-muenchen.de/Ludwig-II-Auf-den-Spuren-des-Maerchenkoenigs.ludwig-app.0.html (hier ist auch ein YouTube Video eingebunden) bzw. http://itunes.apple.com/de/app/id463331755?mt=8

27 YouTube: http://www.youtube.com/watch?v=JNY-ogBkt4Q&feature=player_embedded

28 ARD/ZDF-Onlinestudie 2011, S. 338.

29 ARD/ZDF-Onlinestudie 2011, S. 339.

30 Im Grunde kann jede Anwendungssoftware, die eine Funktion ausführt, als *Applikation (= Anwendung)* bezeichnet werden. App als Kurzform hat sich aber mittlerweile eingrenzend für *native Apps* wie *Web Apps* (= mobile Webseite oder mobiles Web) international durchgesetzt. Beide Anwendungen sind spezifisch für die Nutzung auf Smartphones (iPhone, Android) konzipiert, doch handelt es sich nur bei der *native App* um ein tatsächliches Zusatzprogramm, das ähnlich einer Software herunter geladen und auf dem Endgerät installiert werden kann. *Native Apps* benötigen Speicherplatz und sind plattformabhängig. Zunehmend zeigen sich auch Mischformen aus *native* und *Web App* für Museen attraktiv, wenn neben Basisinformationen auch einzelne, sich ändernde oder rasch anwachsende Datenbestände beziehungsweise *Location-based-Services* (LBS) integriert werden möchten.

31 Die ersten App des Guggenheim Museums in New York wurde anlässlich der Retrospektive zu »Maurizio Cattelan« umgesetzt und ist beispielhaft gelungen. Die Anwendung birgt neben Hintergrundinformationen zum Hängungsprozess der mitunter komplizierten Installationen eine Vielzahl an Videos mit der Kuratorin Nancy Spector, mit Cattelan selbst, seinem Galeristen

und anderen Wegbegleitern. »Maurizio Cattelan. All«, Guggenheim New York, 04.11.2011–22.01.2012. Kosten 2,99 Euro. www.guggenheim.org/new-york/exhibitions/ past/exhibit/3961/2 bzw. YouTube: www.youtube. com/watch?feature=player_embedded&v=2KwsF7K5F-c#!

32 Laut ARD/ZDF-Onlinestudie 2011 sind rund 80% der auf iTunes angebotenen Apps kostenfrei. Der Preis von gekauften Apps liegt bei durchschnittlich 3,50 Euro. Vgl. ARD/ZDF-Onlinestudie 2011, S. 339.

33 Auf der Arbeitsplattform zur Konferenz finden sich Informationen, Handreichungen und Studien zum Thema sowie ein Video mit der Einführung von Jane Burton, Head of Content and Creative Director, Tate Media: http://tatehandheldconference. pbworks. com/w/page/19520838/2010%20Handheld%20Conference.

34 http://wiki.museummobile.info/archives/8169

35 Das Portal Kunstgeschichte ist das Online-Magazin des VDKs (Verlag und Datenbank für Geisteswissenschaften). Beim App-Check sollen zukünftig Kriterien wie Inhalt, Layout, Navigation und Unterhaltung untersucht und die Ergebnisse auf der Webseite publiziert werden. Weitere Informationen zum App-Check: http://www.portalkunstgeschichte.de/kunst geschehen/?id=4880. Die Kriterien als pdf-Download, unter: http://www.portalkunstgeschichte.de/studium/?id-4087.

36 Karin Schulze: Museums-Star Chris Dercon »Gehen Sie in den hintersten Winkel des Gartens« (Interview). In: Spiegel Online, 11.2.2011, Online: http.//www. spiegel. de/kultur/gesellschaft/0,1518,744706,00.html.

Glossar

App (Application = Applikation, Anwendung)
Unter einer Anwendung versteht man ein Software- oder Anwendungsprogramm. Im Sprachgebrauch haben sich jedoch mittlerweile unter der Bezeichnung »App« Anwendungen für Smartphones bzw. Tablet-PCs durchgesetzt, die über einen sogenannten »App-Store« bezogen und auf dem jeweiligen Gerät installiert werden können.

App Store
Der App Store ist eine Software von Apple, mit der im iTunes Store Programme für iPhones, iPods und iPads heruntergeladen werden können. Mittlerweile wird jedoch der App Store verallgemeinernd Synonym zum Online-Martktplatz für iOS basierte Anwendungen (Apps) verwendet. Die Pendants hierzu für auf Android basierende Apps sind: Android Market, RIM, Marketplace for Mobile, App Catalog, Ovi Store, Application Store sowie PocketGear, GetJar, MobiHand, Androidpit.

Augmented Reality (= erweiterte Realität/AR)
Durch Überblendung bzw. Einblendung von computergenerierten Zusatzinformationen (Bild, Text, Video, Audio) ergänzte Realität. AR kann auf Smartphones eingesetzt werden, um die Realität mit virtuellen Objekten und Informationen anzureichern bzw. kontextuali sierten Informationen zu ergänzen.

Global Positioning System (GPS)
System zur globalen Positionsbestimmung via Navigationssatelliten.

Location-based Services (= Geo-lokalisierte Angebote/LBS auch Location Dependent Services/LDS)
Standortbezogene Dienste sind mobile Angebote, die mittels positionsabhängiger Daten dem Nutzer entsprechend seinem Aufenthaltsort selektive Informationen bereitstellen. Man unterscheidet zwischen reaktiven und proaktiven standortbezogenen Diensten. Zumeist werden über GPS, GSM, Bluetooth oder RFID die Standortdaten ermittelt.

Mobile Computing (= Mobile Datenverarbeitung)
Mobile Computing umfasst verschiedene Formen mobiler Kommunikation bzw. Datenverarbeitung. Im engeren Sinn versteht man darunter die Datenverarbeitung auf einem tragbaren Computer. Hierzu zählen neben Laptops, Personal Digital Assistants (PDAs), insbesondere Smartphones sowie in Gegenstände eingebettete Computer (embedded devices).

QR-Code (quick response = schnelle Antwort/Reaktion)
Der QR-Code wurde 1994 in Japan für die Anwendung in der Logistik entwickelt und setzte seitdem zu einen weltweiten Siegeszug an. Ähnlich wie der Strichcode beinhaltet der QR-Code Informationen und kann durch Scannen mit einem Smartphone eingelesen werden. Der Code besteht aus einer quadratischen Matrix, die die kodierten Daten binär darstellt. Es befindet sich in drei Ecken ein weiteres Quadrat, das der Orientierung gilt. Der QR-Code verfügt über 100 Mal mehr Informationsvolumen als ein linearer Barcode und ist daher weit flexibler einsetzbar. Hinterlegt werden können dem QR-Code Links zu Webseiten, Abbildungen oder Filmen sowie Nummern oder Texte. Einen QR-Code kann man mit einer im Web frei zur Verfügung gestellten Software generieren.

Responsive Webdesign (= Reagierendes Webdesign)
Beim Responsive Webdesign erfolgt der grafische Aufbau der Webseite dynamisch. Hierbei finden die jeweiligen Anforderungen an die Darstellungsmöglichkeiten des betrachtenden Gerätes Berücksichtigung. Eine Webseite wird demnach auf einem Smartphone anders angezeigt als auf einem Tablet-Computer oder Tablet-PC.

Social Media Plattformen (= Soziale Medien)
Unter Social Media versteht man digitale Medien und Technologien, die es dem Nutzer ermöglichen, interaktiv, kollaborativ wie partizipativ zu arbeiten. Es geht darum, sich untereinander auszutauschen, zu kommunizieren und mediale Inhalte selbst zu gestalten sowie diese zu teilen. Zu den Social Media Plattformen gehören u.a. die Sozialen Netzwerke (Facebook, Google+, Xing, LinkedIn, studiVZ, Myspace, Pinterest), Foto- und Videoportale (Flickr, Picasa, YouTube, Vimeo), standortbezogene Netzwerke (Foursquare, Gowalla, Google Buzz), Microblogging Services (Twitter) oder Musikdienste (last.fm) sowie das Social Bookmarking (Delicious, Mister Wong, Digg).

Tablet-PC (Tablets = Schreibtafel oder Notizblock)
Tablet-PCs sind mobile Computer mit einer Touchscreen Oberfläche, die aufgrund ihres Formates als »Tablets« bezeichnet werden. Seit 2010 das iPad von Apple herausgekommen ist, gewinnt der Tablet-PC zunehmend an Bedeutung.

Verzeichnis der App-Beispiele

Kelly In Munich
Kostenlos
Kategorie: Bildung
Aktualisiert: 13.10.2011
Version: 1.1.0
Größe: 416 MB
Sprache: Englisch
© 2011 Sieveking print & digital
Voraussetzungen: Kompatibel mit iPad. Erfordert iOS 4.3 oder neuer.

Staatliche Kunstsammlungen Dresden – Kinderführung Grünes Gewölbe – Acoustiguide Smartour
Kostenlos
Kategorie: Bildung
Aktualisiert: 20.09.2011
Version: 1.1
Größe: 90.7 MB
Sprache: Deutsch
© 2011 Acoustiguide GmbH / Staatliche Kunstsammlungen Dresden. All rights reserved.

Voraussetzungen: Kompatibel mit iPhone, iPod touch und iPad.
Erfordert iOS 3.0 oder neuer.

Stadtmuseum Penzberg
Kostenlos
Kategorie: Bildung
Aktualisiert: 10.11.2011
Version: 1.0.2
Größe: 15.8 MB
Sprache: Deutsch
Entwickler: Pausanio GmbH & Co.KG
© Stadtmuseum Penzberg
Voraussetzungen: Kompatibel mit iPhone, iPod touch und iPad.
Erfordert iOS 3.2 oder neuer.

Dinosaurs: The American Museum of Natural History Collections
Kostenlos
Kategorie: Bildung
Aktualisiert: 09.05.2011
Version: 1.4
Größe: 85.4 MB
Sprache: Englisch
© 2010 Mosaic Legends, LLC and The American Museum of Natural History
Voraussetzungen: Kompatibel mit iPhone, iPod touch und iPad.
Erfordert iOS 3.1.3 oder neuer.

Field Guide to Victorian Fauna
Kostenlos
Kategorie: Bildung
Erschienen: 10.03.2011
Version: 1.0
Größe: 250 MB
Sprache: Englisch
© 2011 Museum Victoria
Voraussetzungen: Kompatibel mit iPhone, iPod touch und iPad.
Erfordert iOS 4.2 oder neuer.

Tate Trumps
Kostenlos
Kategorie: Spiele
Aktualisiert: 04.01.2012
Version: 5.0
Größe: 18.8 MB
Sprache: Englisch
© Tate Media
Voraussetzungen: Kompatibel mit iPhone, iPod touch und iPad.
Erfordert iOS 4.0 oder neuer.

Muybridgizer
Kostenlos
Kategorie: Foto & Film
Aktualisiert: 02.06.2011
Version: 1.2
Größe: 14.2 MB
Sprache: Englisch
© Tate
Voraussetzungen: Kompatibel mit iPhone, iPod touch (4. Generation), iPad 2 Wi-Fi und iPad 2 Wi-Fi + 3G.
Erfordert iOS 4.0 oder neuer.

How It Is
Kostenlos
Kategorie: Bildung
Erschienen: 24.01.2010
Version: 1.0
Größe: 47.2 MB
Sprache: Englisch
© Tate
Voraussetzungen: Kompatibel mit iPhone, iPod touch und iPad.
Erfordert iOS 3.0 oder neuer.

AppArtAward
Kostenlos
Kategorie: Bildung
Aktualisiert: 20.07.2011
Version: 1.1
Größe: 5.7 MB
Sprache: Englisch
© 2011 ZKM | Zentrum für Kunst und Medientechnologie Karlsruhe
Voraussetzungen: Kompatibel mit iPhone, iPod touch und iPad.
Erfordert iOS 4.0 oder neuer.

NRW Forum
Kostenlos
Kategorie: Lifestyle
Aktualisiert: 15.09.2011
Version: 1.5
Größe: 6.4 MB
Sprache: Deutsch
Entwickler: V2A Netforce Ruhr Gbr
© NRW-Forum Düsseldorf, 2011
Voraussetzungen: Kompatibel mit iPhone, iPod touch und iPad.
Erfordert iOS 3.1 oder neuer.
Auch für Android

Ludwig II. – Auf den Spuren des Märchenkönigs
Kostenlos
Kategorie: Reisen
Erschienen: 30.09.2011
Version: 1.0.1
Größe: 326 MB
Sprachen: Deutsch, Englisch
© 2011 Bayerische Staatsbibliothek
Voraussetzungen: Kompatibel mit iPhone 3GS, iPhone 4, iPhone 4S, iPad Wi-Fi + 3G und iPad 2 Wi-Fi + 3G.
Erfordert iOS 4.0 oder neuer.
Auch für Android (verschlankte Fassung)

Maurizio Cattelan: All
Guggenheim Museum
2,99 €
Kategorie: Bildung
Aktualisiert: 10.11.2011
Version: 3.0.4
Größe: 37.1 MB
Sprache: Englisch
© 2011 Toura
Voraussetzungen: Kompatibel mit iPhone, iPod touch und iPad.
Erfordert iOS 4.0 oder neuer.
Auch für Android

III Projektbeispiele

Audioguides in Landesausstellungen

Die Entwicklung im Haus der Bayerischen Geschichte

Rainhard Riepertinger

»Heute haben wir gelernt, wie ein Maultier schreit!« So heißt es in einem Eintrag im Besucherbuch der Bayerischen Landesausstellung 2010 »Bayern–Italien« in Füssen, der auf das dort zu hörende Gebrüll eines Maultiers anspielt. An anderer Stelle ist zu lesen: »Mir hat die Ausstellung gut gefalen [sic]. Am meisten hat mir das Audio-Guide geben. Benedikt«. Diese Anmerkungen von offensichtlich jüngeren Besuchern könnten durch viele ähnliche Kommentare ergänzt werden. Sie belegen die Relevanz von Medien in kulturgeschichtlichen Ausstellungen und deren Bedeutung für die Vermittlungsarbeit, ohne dabei die vorrangige Rolle der Originalexponate schmälern zu wollen. Das seit 1983 bestehende Haus der Bayerischen Geschichte hat die Möglichkeiten von Medien früh erkannt und vor allem in den Bayerischen Landesausstellungen entsprechend berücksichtigt. Schon in den Ausstellungen in den 1980er Jahren kamen Hörstationen und Bildschirme zum Einsatz. Bald wurden auch die damals noch neuartigen Rechner in den Ausstellungen verwendet. Als sich 1993 in der Bayerischen Landesausstellung »Herzöge und Heilige« in Andechs drei Nonnen um eine Computerstation scharten und diese begeistert ausprobierten, war endgültig klar, dass EDV und Ausstellungen sich gegenseitig ergänzen und breitenwirksam sind. In der Folgezeit wurden eigens entwickelte kurze Hörspiele, Musikbeispiele, Auszüge aus Hörfunksendungen, Filmbeispiele, Zeitzeugeninterviews, Computerspiele, vertiefende Computerprogramme und anderes mehr immer intensiver integriert. Zu Recht erwarten die Besucher mittlerweile einen zeitgemäßen, spannungsreichen und ansprechenden multimedialen Einsatz in den Ausstellungen des Hauses der Bayerischen Geschichte.

Erste Erfahrungen

Im Bereich Audioguides reichen die ersten Versuche des Hauses der Bayerischen Geschichte in die Mitte der 1990er Jahre zurück. Im Rahmen der Bayerischen Landesausstellung »Salz Macht Geschichte«, die 1995 in Rosenheim, Traunstein und Bad Reichenhall gezeigt wurde, kamen Walkmen mit Kopfhörer zum Einsatz. Dabei handelte es sich um eine Führung zu den Leitobjekten der Ausstellung. Anders als heute gab es bei diesen Kassettenrekordern nicht die Möglichkeit per Nummernwahl bestimmte Exponate anzuwählen, sondern man konnte im Wesentlichen nur »Stop« oder »Play« drücken. Das Tonband geleitete den Besucher also auch mit Hilfe von Direktiven wie »wenden Sie sich nun nach rechts« durch die Landesausstellung. Das dadurch vorgegebene starre Führungskonzept mag vielleicht ein Grund gewesen sein, dass dieser Walkman-Audioguide auf Tonbandbasis von den Besuchern schlecht akzeptiert wurde. Für die Ausstellungsmacher und die Produzenten des Audioguides hatte die übrigens sehr storanfällige Technik ebenfalls einen großen Nachteil: Da das Band frühzeitig produziert werden musste, konnte auf etwaige Exponatänderungen kaum reagiert werden. Beim kurzfristigen Ausfall eines eingeplanten Exponats oder bei Konzeptänderungen musste das Band zumindest teilweise neu erstellt werden. Es war also kaum Flexibilität vorhanden. Da genau dies aber besonders für auf

Leihgaben basierende Ausstellungen relevant ist, nahm das Haus der Bayerischen Geschichte in der Folgezeit vom Einsatz von Audioguides Abstand. Man konzentrierte sich auf angemeldete Gruppenführungen, die von Ausstellungsbegleitern durchgeführt wurden und werden – eine Form der Vermittlung, die vor allem durch ihren persönlichen Charakter besticht und Reisegruppen entgegen kommt. Für Einzelbesucher bot und bietet das Haus der Bayerischen Geschichte sogenannte »offene Turnusführungen« zu festgelegten Zeiten an. Diese Form der personalen Vermittlung ist nach wie vor sehr beliebt.

In den letzten Jahren wandte sich das Haus der Bayerischen Geschichte wieder verstärkt dem Thema Audioguide zu. Zunehmende Nachfragen von Besuchern, eine immer bessere und störungsfreiere Technik der Handgeräte sowie die durch den Einsatz von Speicherchips mögliche Flexibilität selbst bei kurzfristig nötigen Umstellungen im Exponatbereich sind die ausschlaggebenden Gründe. So konnten die Besucher der Bayerischen Landesausstellung in Bamberg mit dem Titel »Kaiser Heinrich II.« im Jahr 2002 in den Zusatzausstellungen im Diözesanmuseum und in der Staatsbibliothek erstmals wieder auf Audioguides zurückgreifen.[1] Auch in der Bayerischen Landesausstellung des Jahres 2004 »Edel und Frei. Franken im Mittelalter« in Forchheim stand ein Audioguide zum Preis von 2,50 Euro zur Verfügung, wobei sich der Verkaufserfolg jedoch in Grenzen hielt. Nur 5.968 Besucher der insgesamt 199.079 Besucher – also etwa 3% – nutzten das Medienangebot zur Erläuterung der Leitobjekte der Ausstellung.

Nutzung nimmt zu

Inzwischen ist eine deutliche Änderung in der Nutzungsintensität von Audioguides feststellbar. Der Einsatz von Audioguides wird gerade in Großveranstaltungen wie den Bayerischen Landesausstellungen erwartet und in Anspruch genommen. Dementsprechend ergänzten bei der Bayerischen Landesausstellung 2008 »Adel in Bayern. Ritter Grafen, Industriebarone« in Rosenheim und Hohenaschau Audioguides das dortige Führungsangebot. Zum Preis von drei Euro konnten die Handgeräte von den Besuchern im Kassenbereich erworben werden.[2] Die Hörgeräte begleiteten die Besucher zu den wichtigsten Exponaten der Ausstellung und boten Hintergrundinformationen an. Durch Drücken der entsprechenden Nummern erschlossen die Audioguides etwa 30% der gezeigten Objekte. Allein im Ausstellungsteil auf Schloss Hohenaschau kauften 10.386 der dort insgesamt 108.063 Besucher einen Audioguide, also fast 10%.

Einen anderen Weg schlug das Haus der Bayerischen Geschichte bei der Bayerischen Landesausstellung 2009 in Würzburg »Wiederaufbau und Wirtschaftswunder« ein. Hier wurde der Audioguide kostenlos an die Besucher ausgegeben.[3] Der Audioguide bot Hintergrundwissen sowie Auszüge aus Sendungen und passende Musik an insgesamt 25 Punkten an, die beim entsprechenden Exponat per Nummernwahl abgerufen werden konnten. Angesichts des Themas, das die 1950er/ 1960er Jahre vorrangig im Blick hatte, ließen sich zahlreiche Radio-Originalbeiträge als Hörerlebnis in die Audioguide-Texte einbauen.[4] Am Ende stand ein Audioguide, der einige Aspekte der Landesausstellung ergänzte und manche Wiedererkennungseffekte bei den Besuchern auslöste. Die Gesamtdauer der Hörsequenzen betrug etwa 60 Minuten, wobei hier weniger eine regelrechte Führung zu den Leitobjekten im Fokus stand, sondern das damit verbundene Vertiefungsangebot. Genutzt wurde der Audioguide vorrangig von Individualbesuchern und weniger von Gruppen, selbst wenn diese keine Führung in Anspruch nahmen.

Auch die von Mai bis Oktober 2010 an drei Standorten präsentierte Bayerische Landesausstellung »Bayern – Italien« verzichtete nicht auf den Einsatz von ausstellungsbegleitenden Audioguides. Angeboten wurden sie sowohl in Füssen (»Bayern – Italien – Kaiser, Kult und Casanova«) als auch in Augsburg im Maximilianmuseum (»Bayern – Italien – künstlich auf welsch und deutsch«) und im Staatlichen Textil- und Industriemuseum (»Bayern – Italien – Sehnsucht, Strand und Dolce Vita«). Den oben genannten Beweggründen für den Einsatz von Audioguides gesellte sich hier ein weiterer Aspekt hinzu. Angesichts der engen Raumsituation im Kloster St. Mang in Füssen und im Maximilianmuseum in Augsburg musste hier weitgehend auf öffentliche Turnusführungen verzichtet werden, da deren Teilnehmerzahl im Gegensatz zu angemeldeten Gruppen vorher nicht abgeschätzt werden kann. Da die Einzelbesucher anstelle einer öffentlichen Führung die Audioführung in Anspruch nehmen konnten, trug dies deutlich zur Entspannung in den engen Räumlichkeiten bei. Im großzügigen Ausstellungsraum im Textil- und Industriemuseum spielte dieser Punkt hingegen keine Rolle. Um für den Audioguide Kaufanreize zu schaffen, lag der Preis für den Audioguide bei zwei Euro pro Gerät. Für die Besucher wurde somit ein ausgezeichnetes Preis-Leistungs-Verhältnis geschaffen.

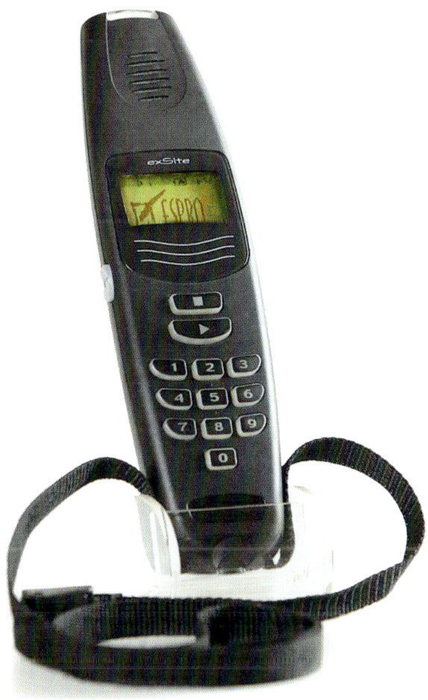

In vielen Fällen werden per Nummereingabe bestimmte Exponate angewählt. Das Haus der Bayerischen Geschichte bevorzugt größere Geräte aufgrund ihrer bequemeren Handhabung und der besseren Diebstahlssicherheit. – Das in der Landesausstellung »Bayern – Italien« eingesetzte Audioguide-Handgerät exSite.

Herstellungsprozess und Arbeitsabläufe

Etwa zehn Monate vor Eröffnung der Landesausstellung wurden einschlägige Audioguide-Firmen zur Abgabe eines Angebots aufgefordert. Eine Bedingung war, dass das Handgerät ohne Kopfhörer nutzbar sein sollte, um die Kommunikation z. B. zwischen Besucherpaaren zu ermöglichen. Die ausschließliche Nutzung über Kopfhörer behindert diese wichtige Funktion in Ausstellungen und damit den Meinungsaustausch vor Ort. Darüber hinaus sind Kopfhörer manchen Besuchern unangenehm. Außerdem sollte der Einohrhörer eine gewisse Größe aufweisen, um die Diebstahlsgefahr zu minimieren.[5] Die Bequemlichkeit der Handhabung war ein weiterer Grund für die Wahl eines größeren Handgeräts. Grundsätzlich sollte bei dieser Entscheidung keinesfalls das Design im Vordergrund stehen. Es ist stets zu prüfen, wie das Audioguide-Gerät beim Hörvorgang in der Hand liegt.

Wichtig für die Akzeptanz des Audioguides bei den Besuchern ist die zeitliche Länge der Hörsequenzen zu den einzelnen Exponaten. Zu lange Texte werden nur von einem sehr kleinen Teil der Nutzer komplett gehört, andererseits muss der Text natürlich mehr bieten als das bloße Exponatschild. Der Audioguide-Text darf sich vor allem nicht darauf beschränken, nur die ohnehin im Raum befindlichen Wandtexte wiederzugeben.[6] Es muss ein leicht verständlicher und spannender Text entwickelt werden, der nicht länger als etwa 90 Sekunden dauert. Wissenschaftliche Ausführungen – vor allem wenn sie in der leider immer noch in Museen und Ausstellungen weit verbreiteten Fachsprache wiedergegeben werden – sind für die Masse der Besucher hingegen oftmals zu kompliziert und zu detailverliebt. Für den Audioguide gilt es, den richtigen Mittelweg zu finden, der relevante Informationen besucherorientiert vermittelt. Diese Vorgaben lagen den Audioguide-Texten der Landesausstellung »Bayern – Italien«

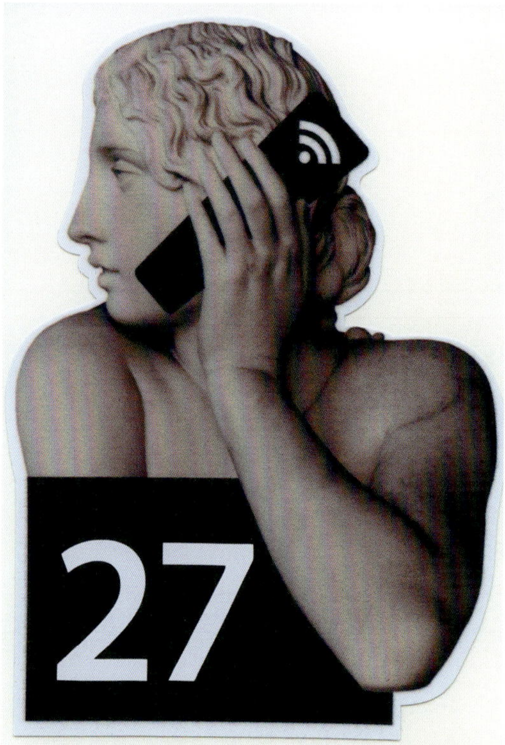

Ein eigenes Symbol neben den Exponaten verweist auf den entsprechenden Hörtext. Nummernsymbol für den Audioguide der Landesausstellung »Bayern – Italien«. Entwickelt vom Atelier für Kommunikationsgestaltung Nicole Westphal, Hildesheim.

zugrunde. Erarbeitet wurden die Audioguide-Texte von den Wissenschaftlern und Ausstellungsmachern des Hauses der Bayerischen Geschichte. Die beauftragte Audioguide-Firma sowie »Bayern 2«, der Medienpartner der Landesausstellung 2010, überprüften die vorgelegten Texte hinsichtlich ihrer Eignung als Sprechtexte und machten redaktionelle Vorschläge. Dieses Verfahren war einer der Garanten für lebendige Hörbeiträge.

Den entsprechenden Hörtext konnten die Nutzer durch Eintippen der beim Exponat angebrachten Nummer und das anschließende Drücken der Taste »Play« aufrufen.[7] Es wurde ein eigenes Symbol entwickelt, das sich am Plakatmotiv der Landesausstellung »Bayern – Italien« orientierte und neben den Exponaten angebracht war.[8] Nach dem Ende des Hörtextes konnten die Besucher bei einigen Exponaten sogenannte »Vertiefungen« abrufen durch Eintippen einer dreistelligen Nummer, die am Ende des eigentlichen Audioguide-Textes angesagt wurde. Dabei handelte es sich um Musik oder um einen bereits früher produzierten kurzen Hörfunkbeitrag, der interessante Hintergrundinformationen anbot. Diese Zusatzoption wurde aber nur von wenigen Besuchern intensiv genutzt.

Die Besucher ließen den Audioguide zu einem Erfolgsschlager der Bayerischen Landesausstellung »Bayern – Italien« werden. Er wurde 25.039 Mal und damit von etwa 13 % der Besucher gekauft. Diese Zahl belegt eindeutig, welchen Stellenwert Audioguides für Ausstellungen und Museen inzwischen einnehmen. Allerdings waren zwischen den einzelnen Standorten der Landesausstellung »Bayern – Italien« Unterschiede zu erkennen, die auf die Relevanz der Art des Verkaufs und der Verkaufssituation hindeuten. So scheint es von Vorteil zu sein, wenn schon an oder neben der Kasse der Audioguide direkt angeboten wird. Ein späteres Bewerben ist demgegenüber nachteiliger, da dann die Geldbörse bereits wieder verstaut ist und die Neigung zu einem Kauf sinkt.

Zum Einsatz von Multimediaguides

Etwa 30 % der präsentierten Exponate wurden für den Audioguide der Landesausstellung »Bayern – Italien« ausgewählt. Dabei handelte es sich vorrangig um die Leitobjekte, die für das Verständnis der Gesamtausstellung ausschlaggebend waren. Die Gesamtdauer des Hörtextes lag in etwa bei 60 Minuten. Berücksichtigt man die Gehzeiten in der Ausstellung, so erreicht man die mehrheitliche Verweildauer in Landesausstellungen, die zwischen 60 und 120 Minuten liegt.[9] Selbst bei skeptischen Besuchern, die zunächst eher auf eine personale Führung fixiert waren, fand der Audioguide großen Anklang. Dies lag vor allem an den lebendigen Texten und den zusätzlichen Geräusch- und/oder Musikebenen, die das Hören kurzweilig gestalteten.[10] Auf den Einsatz sogenannter »Multimediaguides«, die unter anderem das Einblenden zusätzlicher Informationen oder vertiefender bzw. vergleichender Bilder auf Kleinstbildschirmen ermöglichen, wurde in der Bayerischen Landesausstellung bewusst verzichtet, da dies vom Exponat ablenkt und die hier vorrangig eingesetzte Kopfhörernutzung die gewünschte interpersonelle Kommunikation behindert.

Nicht jede in Fachzeitschriften angepriesene technische Möglichkeit der Guides ist für den Einsatz in Ausstellungen und Museen und deren Vermittlungsziele zwangsläufig sinnvoll. So ist zu diskutieren, ob die inzwischen über Multimediaguides abrufbaren, riesigen Informationsmengen von der Mehrheit der Besucher vor Ort auch genutzt und gewünscht werden. Das im Multimediaguide gegebenenfalls angebotene Vergleichsbild im Kleinformat oder lange zusätzliche Erläuterungstexte im Minibildschirm des Gerätes sind kritisch zu hinterfragen und zumindest für ältere Besucher angesichts ihrer spezifischen Sehkraft hochproblematisch. Die weitere Entwicklung und die Wünsche der Besucher müssen in dieser Beziehung jedenfalls genau betrachtet und praxisorientiert bewertet werden. Museen und Ausstellungen beziehen ihre Faszination immer auch von der von den Verantwortlichen getroffenen Auswahl und Gewichtung der einzelnen Themen. Dieses Kriterium besteht trotz der fast grenzenlosen Informationsmöglichkeiten der Multimediaguides fort.

Audioguides unterstützen neben Inszenierungen oder Computern in hervorragender Weise die Erläuterung des Exponats und erleichtern den Zugang für den Betrachter. Sie sind inzwischen zum festen Bestandteil der Landesausstellungen geworden. Auch 2011 bot die Bayerische Landesausstellung »Götterdämmerung. König Ludwig II. und seine Zeit« auf Schloss Herrenchiemsee Hörführungen an, die den oben genannten Kriterien entsprachen: ein Audioguide zu den Leitobjekten der Ausstellung mit Sprechtexten von jeweils etwa 90 Sekunden und einen Audioguide für Jugendliche, dessen Texte von Jugendlichen in Zusammenarbeit mit Mediencoaches der Stiftung Zuhören erstellt wurden. Bei Letzterem erzählen fiktive Figuren aus verschiedenen sozialen Schichten über ihre Zeit und binden die Exponate der Ausstellung auf diese Weise in die Hörführung ein. Hier wurden Vermittlungsebenen beschritten, die erlebnisorientiert, zielgruppenspezifisch und kommunikativ sind, da das genutzte Medium nicht von Ausstellung und Objekt ablenkt. Denn das originale Exponat muss auch künftig stets im Zentrum des Museums- und Ausstellungsbesuchs bleiben.

Anmerkungen

1 Ein weiterer Grund für den Einsatz von Audioguides in den beiden Zusatzausstellungen war die dortige enge Raumsituation, die Gruppenführungen weitestgehend ausschloss.

2 Folgende Preisstruktur wurde festgelegt: Audioguide: 3 Euro pro Person; Angebot für Paare: 2 Audioguides zum Preis von 5 Euro; Familienangebot: 1 Audioguide pro Familienmitglied zum Preis von 1,50 Euro pro Person.

3 Insgesamt standen 250 batteriebetriebene Handgeräte bereit.

4 Dies konnte mit Hilfe von »Bayern 2« verwirklicht werden, dem Medienpartner dieser Bayerischen Landesausstellung.

5 Dieses Konzept ging auf. An allen drei Orten wurde kein Audioguide gestohlen, obwohl keine Diebstahlsicherung eingebaut war.

6 Dies war zum Beispiel bei der großen Ausstellung zur Varusschlacht in Detmold teilweise der Fall. Ein Audioguide, der sich nurmehr auf das Vorlesen ohnehin vorhandener Raumtexte beschränkt, ist nicht zielführend.

7 Die gedrückte Nummer erschien dann zur Verifizierung im Display des Einohrhörers.

8 Die Verwendung aufwändigerer technischer Lösungen kommt aus Sicht des Hauses der Bayerischen Geschichte aus Kostengründen bei Sonderausstellungen weniger in Betracht.

9 Diese Zahlen sind durch die seit ca. 20 Jahren vom Haus der Bayerischen Geschichte durchgeführten Besucherbefragungen belegt. Vgl. www.hdbg.de

10 Diese für die Lebendigkeit der Audioguides überaus wichtigen Geräusche und Musiksequenzen konnten mit Hilfe von »Bayern 2« aufgespielt werden.

Für Besuchermassen – für Kinder – über die Mauer

Drei Beispiele aus Berlin

Andrea Prehn

Mit welchen unterschiedlichen Aspekten Audioführungen für das eigene Haus entwickelt werden können, sollen drei Beispiele[1] aus Berlin zeigen.

Audioguide für jedermann: Die Audioguideführung am Standort Pergamonmuseum, Museumsinsel Berlin

Selbst bei extrem großem Besucherandrang stattet ein aufmerksames Personal im Eingangsbereich des Pergamonmuseums fast jeden Besucher mit einem Audioguide und einem Kopfhörer aus und fast niemand, der kommt hat die Wahl, sich gegen die Nutzung einer Audioführung zu entscheiden. Was wie eine Massenabfertigung wirkt, ist jedoch gut durchdacht und gehört zur Erfüllung des musealen Bildungsauftrags. Zum einen legt das Hauptobjekt – der Pergamonaltar – den Einsatz eines Audioguides nahe, zum anderen die Zusammensetzung und die Anzahl der Besucher.

Denn einem so großen Objekt wie dem Pergamonaltar lässt sich kaum mit der üblichen musealen Beschriftung nahe kommen. Die nötigen Texttafeln würden zwangsläufig den Gesamteindruck schmälern. Ohne Zusatzinformationen jedoch würden die Besucher das Haus mit dem Gefühl verlassen, zwar etwas Erhabenes gesehen zu haben, aber mit vielen unbeantworteten Fragen zurückgeblieben zu sein. Hinzu kommt, dass das Publikum des Pergamonmuseums in erster Linie ein internationales ist.[2] Neben einer deutschen Version hält das Pergamonmuseum deshalb die Audioführung auch in den Sprachen Englisch, Französisch, Griechisch, Italienisch, Japanisch, Polnisch, Spanisch und Türkisch vor. Diese Vielsprachigkeit wird zudem auf die Servicemitarbeiter der Audioguidefirma übertragen.[3] Die Mehrsprachigkeit von Gerät und Personal, die räumliche Gestaltung der Geräteausgabe und insbesondere die kostenlose Nutzung gewährleisten eine allgemein hohe Akzeptanz. Laut Auskunft der Besucherdienste der Staatlichen Museen zu Berlin nehmen ca. 90% der Besucher das Gerät entgegen und nutzen es – zumindest für eine erste Information.

Zielgruppenorientierung: Die Audiotour für Kids in der Berlinischen Galerie

Die Berlinische Galerie – Landesmuseum für Kunst, Fotografie und Architektur – möchte langfristig weitere Zielgruppen erreichen und hat damit begonnen, gezielt Angebote für Kinder zu schaffen. In diesem Sinne wurde im August 2010 eine Audiotour speziell für Kinder ab acht Jahren veröffentlicht. Kinder, die diese Audioführung nutzen, können sich dabei als besondere Gäste fühlen, denn für Erwachsene gibt es zur Dauerausstellung[4] keine Audioführung. Den Anstoß für die »Audiotour für Kids« haben drei junge Frauen gegeben, die in der Berlinischen Galerie ein Freiwilliges Soziales Jahr absolviert haben und in diesem Rahmen die akustische Führung als eigenständiges Projekt entwickelt haben. Der Audioguide für Kids war ursprünglich als Podcast gedacht, den Kinder oder interessierte Erwachsene vor dem Be-

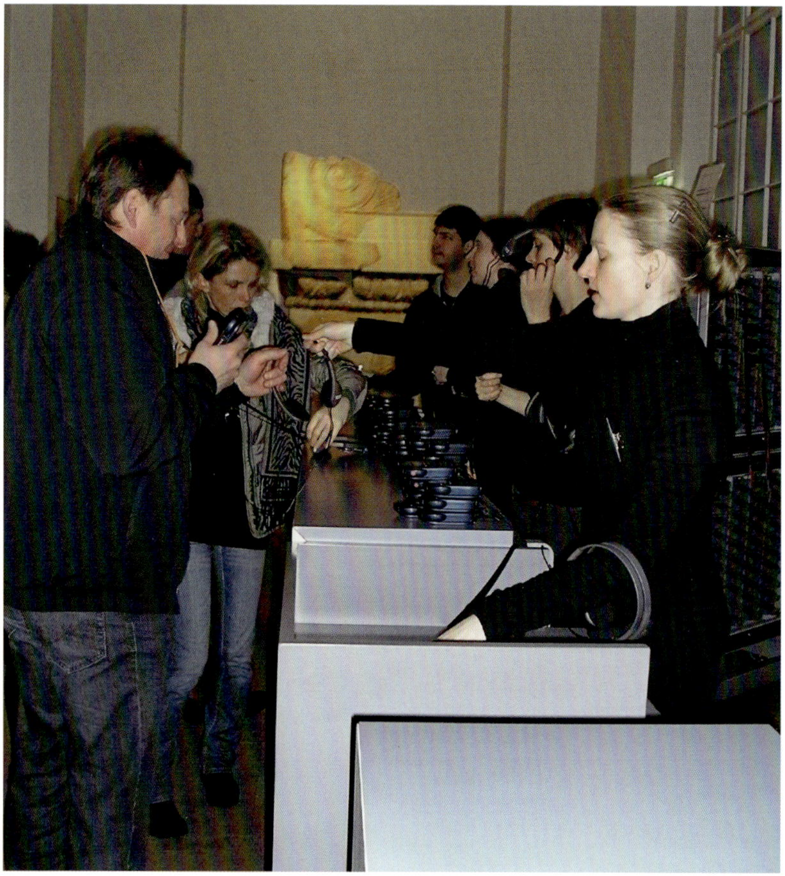

Im Eingangsbereich will die Ausgabe der Geräte gut durchdacht und organisiert sein.

such der Berlinischen Galerie von der Homepage des Museums (www.berlinischegalerie.de) herunterladen können sollten. Die Idee dahinter: Mit dem eigenen Gerät kann jeder am Besten umgehen. Allerdings wurde der Berlinischen Galerie schnell bewusst, dass man mit einem allein auf einer Museumsseite eingestellten Angebot zurzeit nur wenige Familien oder Kinder erreicht. Deshalb steht eine kleinere Anzahl an iPods an der Kasse des Museums bereit.

Für die Audiotour wurden acht verschiedene Werke aus der Dauerausstellung ausgesucht, die vier bis fünf Minuten[5] lang besprochen werden. Da es in Dauerausstellungen vorkommt, dass zeitweise wichtige Werke entliehen werden, wurde von einer inhaltlich zusammenhängenden Tour abgesehen. Nun hat jedes Objekt seine eigene »Bühne« und Geschichte. Begleitet werden die Kinder von der Fliege Philine. Philine ist auf den eigens für den Audioguide erstellten Werbematerialien als Motiv/Logo zu sehen, wie z.B. auf einem mit den wichtigsten Informationen ausgestatten Flyer zur Audioführung.

An der Kasse weist ein großer pinkfarbener Button auf die Audioführung hin. Mitarbeiter der Berlinischen Galerie, die im Kassenbereich arbeiten, wurden im Umgang mit den Geräten geschult. Sie haben – und Mundpropaganda ist ja oft das wichtigste Informationsmedium – die Anweisung, Kinder, die die Berlinische Galerie besuchen, und deren Begleitung gezielt auf den Audioguide hinzuweisen. Auch weitere Werbemaßnahmen für die Audiotour sind geplant. Neben der Präsenz in bislang zwei der gängigen Podcast-Portalen wird nach weiteren relevanten Internetseiten gesucht,

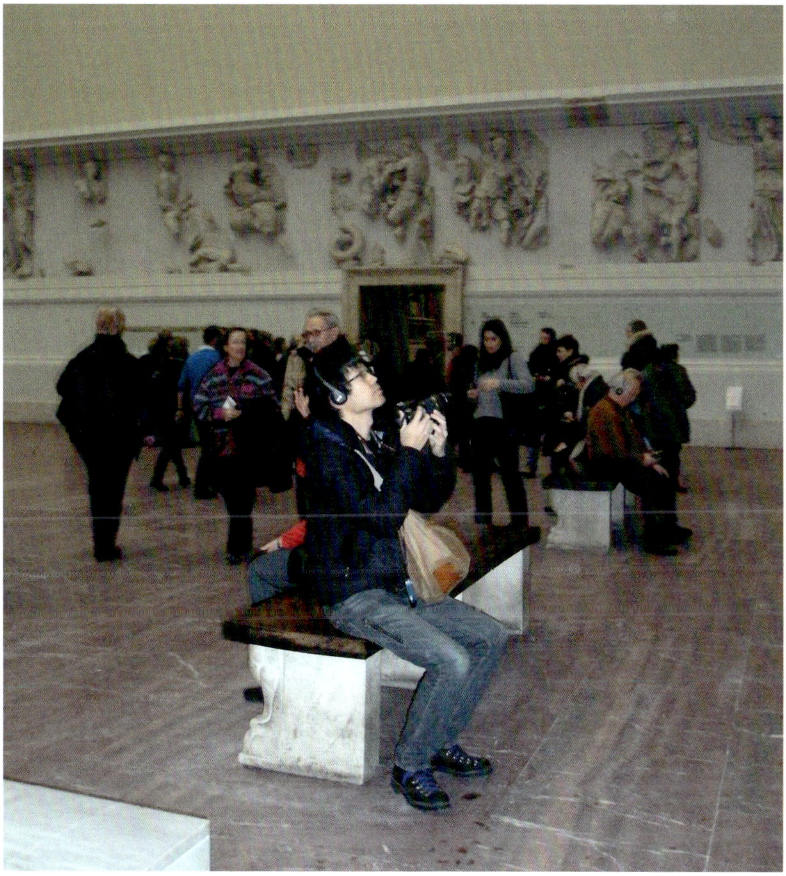

Internationale Museumsbesucher nehmen Audioguides gerne in Anspruch.

die von Kindern und Familien gern aufgesucht werden. Zudem wird die Information, dass die Berlinische Galerie dieses Angebot für Kinder vorhält, regelmäßig in Veranstaltungskalendern, Printmedien, in Kinderstadtführern etc. erwähnt.

Zeigen, was nicht (mehr) zu sehen ist: Die Gedenkstätte Berliner Mauer und der MauerGuide »walk the wall«

Ein gutes Beispiel für eine thematische, aber nicht ortsgebundene Audioführung ist der »MauerGuide«, mit dem man entlang des ehemaligen Mauerverlaufs durch die Innenstadt Berlins spazieren und sich ca. fünf Stunden akustisch informieren lassen kann. Der Nutzer kommt vorbei an touristisch viel frequentierten Stationen, wie dem Brandenburger Tor, den Mauerresten in der Niederkirchnerstrasse neben der »Topografie des Terrors« und dem Martin Gropius Bau, am Checkpoint Charlie oder der Eastside Gallery.

Der »MauerGuide« ist je nach »Einsatzort« ein Audioguide oder ein Personal Digital Assistant (PDA) mit zusätzlichen Fotos, Filmen oder Karten. Es gibt Bild- und Textmaterial zu historischen Ereignissen, Zeitzeugenberichte und Bilder, die die Berliner Mauer visualisieren. Hier gibt es zu sehen, was nicht mehr zu sehen ist. Die Gestaltung eines PDA für den Stadtraum stellt besondere Anforderungen: die Nutzung ist wetterabhängig, bei Außengeräuschen müssen die Tonaufnahmen so ausgeregelt sein, dass sie noch verständlich sind, die Information sollte nicht an gefährlichen Verkehrsübergängen einsetzen, wodurch die Nutzer

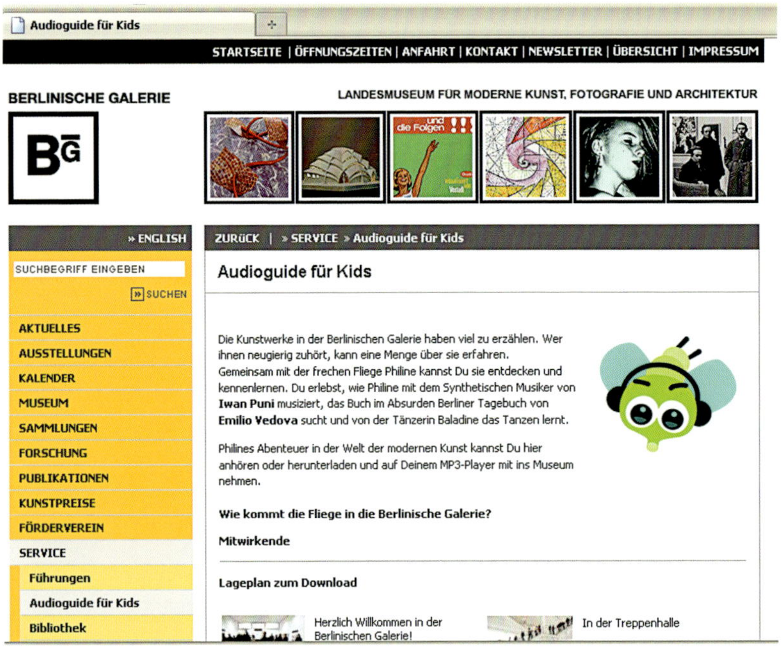

Für Kinder werden eigene Hörstücke mit kindgerechten Geschichten angeboten und vielfach beworben.

abgelenkt wären u.ä. Durch die Konkurrenzsituation mit anderen Anbietern muss auch die Preisgestaltung genau bedacht sein. Denn anders als bei beiden vorgehenden Beispielen ist die Nutzung des »MauerGuides« nicht kostenlos. Derzeit zahlen Interessierte für den Mauerspaziergang mit »Knopf im Ohr und Blick auf den kleinen Bildschirm« zehn Euro pro Tag. Es gibt »Teilzeitführungen« mit einer Dauer von vier Stunden für acht Euro bzw. drei Euro, wenn der »MauerGuide« bei der Gedenkstätte Berliner Mauer für eine Stunde ausgeliehen wird.

Die Ausgabe des »MauerGuide« erfolgt im Besucherzentrum der Gedenkstätte Berliner Mauer oder z.B. am Checkpoint Charlie in eigens dafür aufgestellten Ausgabehäuschen. An der Gedenkstätte Berliner Mauer ist der »MauerGuide« besonders ausführlich gestaltet. Allerdings gibt es im Außengelände der Gedenkstätte noch keine gezielten Hinweise auf den »MauerGuide« und so manch ein Besucher[6] wünscht sich diese Art der Information, ohne zu wissen, dass sie schon längst bereitgehalten wird.

Besucher werden bei Recherchen im Internet auf den »MauerGuide« hingewiesen. So gibt es eine eigene Homepage (www.MauerGuide.com) und Hinweise auf den Homepages der beteiligten Einrichtungen und Sightseeingorte. Auch lässt sich die reine Audioversion z. B. über www.libri.de oder www.pausanio.de (vorab) kaufen und auf das eigene Gerät herunterladen. Wer über die Deutsche Bahn eine Städtereise nach Berlin bucht, erhält neben Fahrkarte und Übernachtung auch den »MauerGuide«.

Kleines Fazit

Die drei Beispiele zeigen unterschiedliche Herangehensweisen und Intentionen für den Einsatz von Audioführungen als Vermittlungsinstrument. Es ist deutlich geworden, dass einige Aspekte ortsunabhängig sinnvoll für die Kommunikation mit dem Besucher sind. Dazu gehören:

- Informationen über die Existenz des Angebots und gut sichtbare Hinweise an einem zentralen Ort (meist im Eingangsbereich).
- Die gezielte Schulung der Mitarbeiter, die für die Ausgabe der Guides zuständig sind, und

der Austausch mit ihnen über die Besucherreaktionen.
- Eine regelmäßige Überprüfung, ob das Audioangebot in allen Informationsmedien des Museums Erwähnung findet.
- Hörbeispiele auf der Homepage.

Zielgruppengerechte Werbemaßnahmen, z.B. in touristischen oder familienorientierten Print- und Online-Publikationen sind sinnvoll und notwendig, um auf Audioguides/PDAs hinzuweisen.

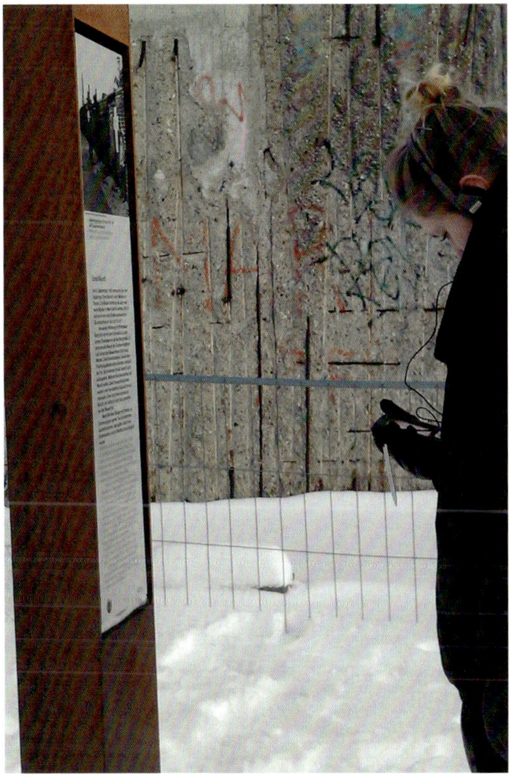

Ein Audioguide mit display bietet die Möglichkeit von zusätzlichen Fotos, Filmen und Karten.

Anmerkungen

1 Ein besonderer Dank an Nadine Herrmann (Besucherdienste der Staatlichen Museen zu Berlin), Diana Brinkmeyer (Marketing und Kommunikation der Berlinischen Galerie) und Antonia Pamperin (Besucherservice der Stiftung Gedenkstätte Berliner Mauer) für die Gespräche und Auskünfte.

2 Dies ist das Ergebnis mehrerer Besucherbefragungen, z.B. Petra Schuck-Wersig/Gernot Wersig: Die Staatlichen Museen zu Berlin und ihre Besucher. Zusammenfassung aus den Jahren 2001–2004, Mitteilungen und Materialien aus dem Institut für Museumsforschung, H. 35, Berlin 2006. Mit den Ergebnissen aus Publikumsbefragungen oder auch eigens dafür angesetzten stichprobenartig Zählungen der Besucher nach Sprache, lässt sich besser entscheiden, wie welche und in wie viele Sprachen die Audioguide-Inhalte übersetzt werden sollten.

3 Von ihnen wird erwartet, dass sie einen Begrüßungssatz (in den Sprachen des Audioguides) an die jeweiligen ausländischen Gäste richten können bzw. diesen erlernen.

4 Lediglich für einige ausgewählte Sonderausstellungen gab es bislang derartige Angebote.

5 Diana Brinkmeyer verweist darauf, dass erfahrene Audioguide-Firmen der Berlinischen Galerie den Tipp gaben, für die Kinder- Audiotour eine längere Verweildauer vor dem einzelnen Objekt zu wählen. Anders als Erwachsene, deren Interesse nach ca. 2,5 Minuten nachlässt, wären Kinder bereit (oder fähiger), mit einem Text im Ohr, ihre Aufmerksamkeit auf ein Exponat bis auf fünf Minuten zu verlängern.

6 Das Außengelände zur Gedenkstätte Berliner Mauer befindet sich noch im Aufbau, wozu auch die Ausgestaltung der visuellen Kommunikation gehört. Dass gerade Audioführungen oder eine Anwendung, wie der »MauerGuide« von den Besuchern gewünscht wird, ist durch Publikumsbefragungen dort bekannt.

Gebärdensprachenführer im Museum

Ein Pilotprojekt in den Kunstsammlungen der Veste Coburg

Klaus Weschenfelder

Seit geraumer Zeit ist die Forderung nach barrierefreiem Zugang zu öffentlichen Gebäuden Gegenstand europäischer und deutscher Gesetzgebung, um »[...] die Benachteiligung von behinderten Menschen zu beseitigen und zu verhindern sowie die gleichberechtigte Teilhabe von behinderten Menschen am Leben in der Gesellschaft zu gewährleisten und ihnen eine selbst bestimmte Lebensführung zu ermöglichen.«[1]

Der barrierefreie Zugang zu Bildungseinrichtungen, wie es die Museen sind, ist umso wichtiger, als Menschen mit Behinderungen in besonderer Weise auf lebenslanges Lernen angewiesen sind. Viele erfüllen als Berufstätige Pflichten, tragen Verantwortung und wollen auch am gesellschaftlichen und kulturellen Leben teilhaben.

Häufig wird Barrierefreiheit mit rollstuhlgerechter Einrichtung gleichgesetzt. Wer aber denkt an Gehörlose? In dem Bundesgleichstellungsgesetz von 2002 wurde die Deutsche Gebärdensprache als eigenständige Sprache anerkannt. Die etwa 80.000 in Deutschland lebenden Hörgeschädigten und Gehörlosen bilden mit einem Anteil von etwa 3,8% an der Gesamtheit der Menschen mit Schwerbehinderungen nur eine kleinere Gruppe, aber die Einschränkungen, mit denen sie leben müssen, sind gravierend.

Gehörlosigkeit bedeutet mangelndes Verstehen, eine Reduzierung der Teilhabe am sozialen Leben und im schlimmsten Falle bedrückende Isolation. Über Jahrhunderte hinweg wurde in der abendländischen Kultur die Taubheit gleich der Blindheit als furchtbare Strafe Gottes angesehen. Die Sorge um das Seelenheil der Gehörlosen war es denn auch, die Anfang des 18. Jahrhunderts in

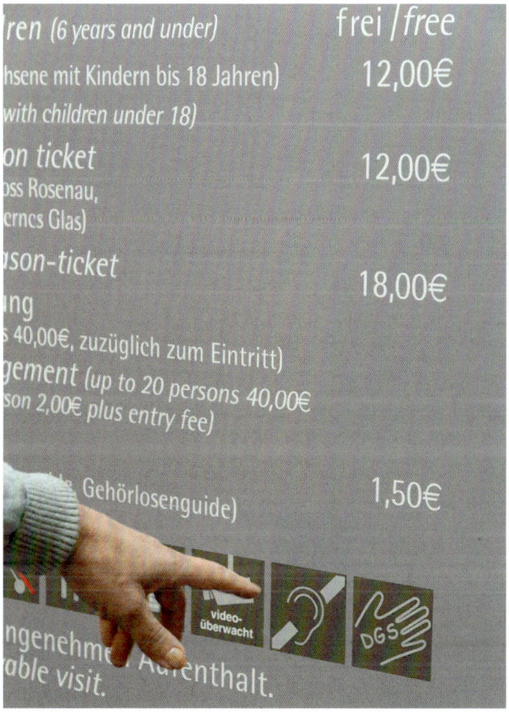

Angebote für Menschen mit Beeinträchtigung müssen besonders intensiv beworben und im Museumsfoyer prominent präsentiert werden.

Frankreich zu ersten Bemühungen um eine Gebärdensprache führten, denn katholische Geistliche wünschten, den Gehörlosen die Ohrenbeichte abzunehmen. In der Folge entwickelten sich die Gebärdensprachen analog zu den gesprochenen Sprachen regionalspezifisch, wenngleich nicht in den gleichen Grenzen. In Deutschland fand erst seit den 1980er Jahren mit der linguistischen

Anerkennung der Deutschen Gebärdensprache (DGS) eine Emanzipationsbewegung unter den Gehörlosen statt, die es ihnen erleichterte, verstärkt am gesellschaftlichen Leben teilzunehmen.[2]

Ein Museumsführer in Gebärdensprache für Coburg

Multimediageräte mit ausreichend großem Bildschirm bieten die Möglichkeit, gehörlosen Menschen Erläuterungen zu musealen Objekten und Themen in Gebärdensprache bereitzustellen. Spontan drängt sich die Frage auf, ob nicht schriftliche Vermittlung ein angemessenes Medium für gehörlose Besucher sei. Dem ist der unbestreitbare Vorteil lebendiger Kommunikation über den Bildschirm entgegen zu halten. So wie der Hörende sich gerne von einer Stimme informieren lässt, folgt der Gehörlose mit besonderer Aufmerksamkeit einer Erläuterung, die von einem Menschen gebärdet wird. Hinzu kommt, dass Taubgeborene, die niemals eine gesprochene Sprache erlernen konnten, mit schriftlichen Informationen Verständnisprobleme haben, da diese anderen syntaktischen Regeln folgen als die Gebärdensprache.

Diese Überlegungen lagen einem Projekt zugrunde, das im Rahmen des EU-Förderprogramms »Erasmus« in der Kategorie »Lifelong learning« auf Initiative und unter der Federführung von »Equalizent«, einer Wiener Fortbildungseinrichtung für Gehörlose, und der Schulungsagentur »Querraum« im Frühjahr 2008 begonnen wurde. Da behinderte Menschen im Hinblick auf den Gebrauch von Neuen Medien zu »early adopters« gehören, bieten sie ihnen doch nicht nur maßgebliche Hilfen für das tägliche Leben, sondern auch einen kostengünstigen, schnellen und zielgerichteten Zugang zu Spezialinformationen. Der Umgang damit wirft bei dieser Zielgruppe in der Regel kein Bedienungsproblem auf.

An dem Projekt beteiligt waren neben den Kunstsammlungen der Veste Coburg das Museum für Zeitgeschichte in Celje/Slovenien und Schloss Schönbrunn in Wien, somit drei unterschiedliche Sprachen, denn die österreichische Gebärdensprache unterscheidet sich von der deutschen. Die Beteiligung des slowenischen Gehörlosenzentrums »Racio« in Celje begünstigte und intensivierte die dortige Arbeit am Projekt. Beteiligt waren ferner Soft- und Hardwareanbieter, die sich um Bedienfunktionen, Optimierungen der Geräte und Adaptionen der Hardware kümmerten. Es war angestrebt, neben dem »Museum Sign Language Guide« auch eine technische Lösung zu entwickeln, die es Schwerhörigen erleichtert, einen Audioguide zu nutzen. Die Geräte sind meist zu leise für Schwerhörige, deren Hörgeräte ja auch immer alle Nebengeräusche im Raum verstärken. Mittels eines »T-coil« genannten Induktionsgerätes, das an den Audioguide angeschlossen werden kann, wird der Ton per Induktion direkt vom Sender auf das Hörgerät des Empfängers übertragen. Diese Koppelung von Maßnahmen für Gehörlose und Schwerhörige ist deshalb sinnvoll, weil zum einen die Übergänge von Schwerhörigkeit zu Gehörlosigkeit fließend sind, zum anderen sich Hörgeschädigte in unterschiedlichen Situationen gelegentlich unterschiedlicher Hilfsmittel bedienen. Oft sind Gehörlose und Schwerhörige auch gemeinsam auf Reisen und können dann dasselbe Medium auf unterschiedliche Weise nutzen.

Bei der Erstellung von Gebärdenvideos waren einige grundsätzliche Bedingungen zu beachten. Zwar kann ein Gebärdendolmetscher gesprochenen Text direkt übersetzen, für die Aufbereitung von umfangreicheren Erläuterungen ist es aber notwendig, Lauttext in sogenannte »Glossen« zu übertragen, also Schrifttexte, die der Syntax der Gebärdensprache folgen. Eigennamen oder Fachbegriffe, für die keine Gebärden existieren, müssen in Fingeralphabet übersetzt werden, auch das Lippenbild unterstützt die Gebärden und wird von vielen Hörgeschädigten gelesen. Es war zu klären, wie der Gebärdende gekleidet und geschminkt sein muss, um sich auf dem kleinen Bildschirm optimal von einem einschlägig eingefärbten Hintergrund abzuheben, denn die Sprechgebärden entfalten sich auch im Raum, ferner spielt die Mimik eine wichtige Rolle.

Der Audioguide mit Gebärdensprache in den Kunstsammlungen der Veste Coburg.

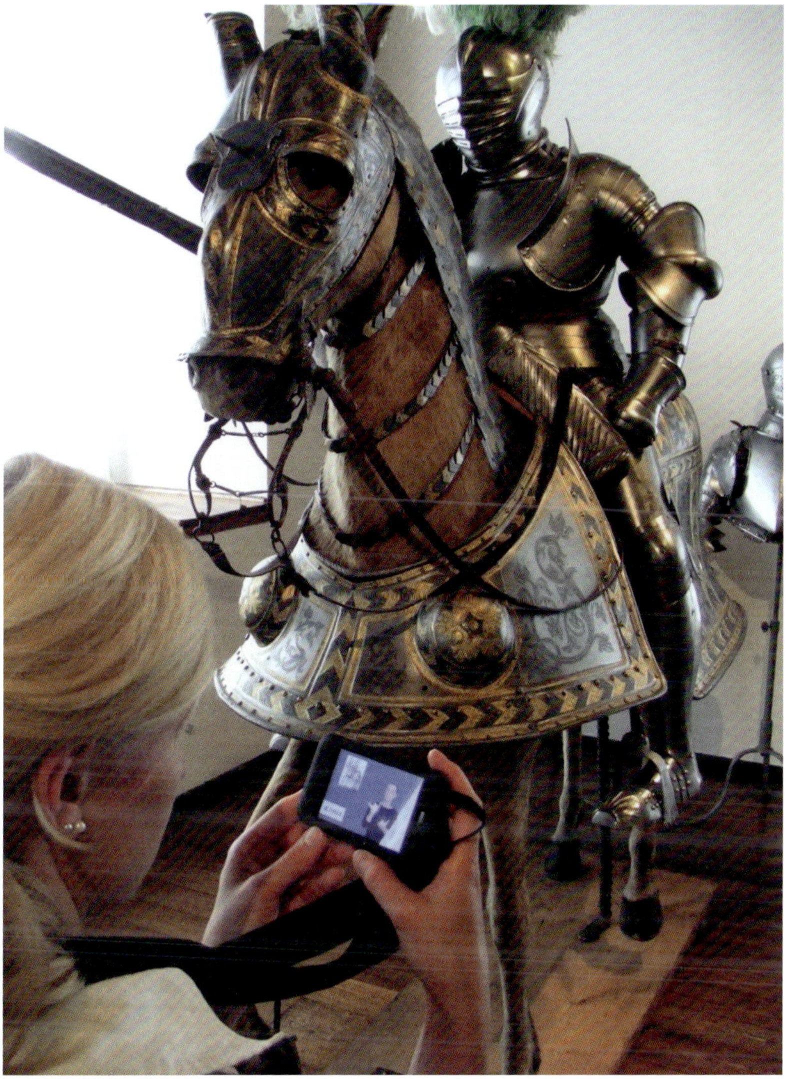

Erfahrungen

Die Evaluierung der gebärdeten Inhalte zusammen mit Gehörlosen ist unabdingbar. Sollte vor Ort eine Gehörlosengruppe aktiv sein, empfiehlt sich eine Zusammenarbeit schon in einem frühen Stadium. Für die spätere Übersetzung in »Glossen« empfiehlt es sich, Sachverhalte knapp, unkompliziert und ohne viele Fremdwörter oder Fachbegriffe auszudrücken. Bei der Bemessung der Länge ist zu berücksichtigen, dass die Gebärdensprache mehr Zeit in Anspruch nimmt als das eigentliche Sprechen. Da der Gehörlose den Gebärdenden anschauen muss, wendet er seinen Blick zeitweise vom Museumsobjekt ab. Das Objekt oder das Ensemble müssen daher auf dem Bildschirm mindestens am Anfang groß, besser noch dauerhaft klein eingeblendet sein. Der generelle Einwand, der Gebrauch von Bildschirmangeboten lenke die Aufmerksamkeit vom Original ab, trifft hier deshalb nicht zu, weil Gehörlose das Angebot in besonderer Weise wahrnehmen. Sie besuchen das Museum meist gemeinsam und diskutieren die gebärdeten Informationen ausführlich untereinander. Insofern kann das Gebärdenvideo Auslöser für eine intensive Auseinandersetzung mit dem Exponat sein.

Das Angebot des Gebärdensprachenführers muss offensiv an die Zielgruppe vermittelt werden. Vor Ort sollten die international bekannten Zeichen dafür angebracht sein, nicht nur an der Museumskasse, sondern auch auf der Homepage, da Hörgeschädigte ihre Ausflüge sorgfältig planen. In Schönbrunn haben die Mitarbeiter des Führungsdienstes einen kleinen Kurs in Gebärdensprache absolviert, um zumindest eine Begrüßung als Signal des Willkommens ausdrücken zu können. Gehörlose, die nicht als eingeladene Testpersonen kommen, erwarten solche Angebote nicht und zeigen sich höchst überrascht und erfreut.

Wegen des hohen Aufwandes für die Produktion der Gebärdenvideos lohnt es sich, über ein Content-Management-System nachzudenken, das ein Museum in die Lage versetzt, neue Gebärdenvideos selbst einzubinden und damit den Gebärdensprachenführer unter Einsparung von Fremdkosten zu aktualisieren. Voraussetzung dafür sind die technische Ausstattung und das Vorhandensein von einschlägig ausgebildetem Personal. Bei der Herstellung der Videosequenzen sollte es allerdings nicht an Professionalität mangeln. Gerade angesichts einer vergleichsweise geringen Nutzerfrequenz und hoher Herstellungskosten empfiehlt es sich, eine lange Laufzeit vorzusehen und auf allzu hohe Spezialisierung der Themen zu verzichten.

Ein Gebärdensprachenführer ist ein Angebot für einen kleinen Kreis und kann nicht unter Kosten-Nutzen-Aspekten betrachtet werden. Das Angebot muss, solange es von Gehörlosen im Museum noch nicht als selbstverständlich erachtet und nachgefragt wird, intensiv beworben werden. Neben den bundesweiten, landesweiten und regionalen Gehörlosenverbänden sowie den Behindertenbeauftragten bringen vor allem die Medien, wie etwa Fernsehsendungen für Gehörlose oder einschlägige Websites, Resonanz. Über das hier beschriebene Projekt liegen Herstellungsleitlinien vor, die bei Interesse angefragt werden können.[3]

Anmerkungen

1 §1 des »Gesetzes zur Gleichstellung behinderter Menschen« aus dem Jahre 2002.

2 Martina Bergmann: Barrierefreie Kommunikation – Wie sich Museen hörgeschädigten Menschen öffnen können, in: Patrick S. Föhl; Stefanie Erdrich; Hartmut John; Karin Maaß (Hg.): Das barrierefreie Museum. Theorie und Praxis einer besseren Zugänglichkeit. Ein Handbuch, Landschaftsverband Rheinland, Rheinisches Museums- und Archivamt, Publikation der Abteilung Museumsberatung Nr. 24, Bielefeld 2007, S. 55–72.

3 Zu beziehen über: Equalizent Schulungs- und Beratungs GmbH, Obere Augartenstraße 20, A-1020 Wien, Tel: +43 (0)1 409 83 18, E-Mail: office@equalizent.com

Das springende Pferd

Ein Audioguide von Kindern für Kinder im Franz Marc Museum

Cathrin Klingsöhr-Leroy

Allgemeine Informationen

- Museum: Franz Marc Museum, Kochel a. See (Sammlungsschwerpunkte: Franz Marc, Blauer Reiter, Brücke, Nachkriegsabstraktion)
- Beteiligte Schulen: Klasse 4b Franz Marc Schule in Kochel am See (1 Lehrerin, 12 Schüler), Klasse 6e Carl-Spitzweg-Gymnasium Unterpfaffenhofen (1 Lehrerin, 30 Schüler), Klasse 6b Gymnasium Icking (1 Lehrerin, 32 Schüler), Klasse 6c Staffelsee-Gymnasium Murnau (1 Lehrerin, 9 Schüler)
- Betreuung: Dr. Cathrin Klingsöhr-Leroy (Leiterin des Franz Marc Museums), Eva Severini (Mediencoach der Stiftung Zuhören) und Mona Horncastle (Horncastle Verlag)
- Zeitraum: erste Jahreshälfte 2008
- Produziert in den Studios des Bayerischen Rundfunks, München
- Mobile Endgeräte

Grundsätzliche Fragen

Was können Kinder im Museum lernen und erleben? Wie finden Sie den Weg zur Kunst, zu Gemälden und Zeichnungen, zu Aquarellen und Drucken, die ganz anders sind, als die tägliche Bilderflut aus Fernsehen, Film und Internet? Wie kann man sie für Bilder interessieren, die vor 100 Jahren entstanden sind und die eine Welt zeigen, die schon längst vergangen ist?

Zu diesen Fragen grundsätzlicher und theoretischer Natur gesellten sich ein Jahr vor Eröffnung des Franz Marc Museums praktische Überlegungen zum familiären Museumsbesuch, bei dem Kinder und Erwachsene jeweils andere Bedürfnisse haben. Steht bei Erwachsenen das längere Betrachten, die Einordnung des Gesehenen, der Vergleich mit anderen, schon bekannten Bildern im Vordergrund, so möchten Kinder Bewegung, im motorischen wie im geistigen Sinn und begegnen den Bildern spielerisch. Wie können diese unterschiedlichen Bedürfnisse miteinander in Einklang gebracht bzw. unabhängig voneinander berücksichtigt werden?

Das Franz Marc Museum in Kochel a. See, 2008 durch einen Neubau ergänzt, bietet mit den neuen Ausstellungsräumen die idealen Bedingungen für einen unabhängigen Museumsbesuch von Erwachsenen und Kindern, denn das Haus ist so übersichtlich, dass sich niemand verirren kann und zugleich groß genug, um auf Entdeckungsreise zu gehen.

Aber was soll es zu entdecken geben? Wer könnte die Kinder begleiten oder besser: Welchem »Ariadnefaden« können Sie folgen? Auf diese Frage schien ein Audioguide die ideale Antwort zu sein, ein Audioguide, der Kindern bis etwa zum 12. Lebensjahr einen Leitfaden durch die Sammlung böte. Dieser Wegweiser – und dies war der entscheidende Ausgangsgedanke für den Audioguide von Kindern für Kinder, wie er für das Franz Marc Museum entwickelt wurde, – sollte nicht von Erwachsenen vorgegeben sein. Er sollte in der Gedankenwelt von Kindern verwurzelt sein, in einem Universum, zu dem nur die Kinder Zugang haben.

Der nächste Schritt war die Überlegung, das auf dem Audioguide, der Kinder durch das Franz Marc

Museum führen würde, keine Fakten vermittelt werden sollten, keine Daten und Künstlerviten, sondern Geschichten, kleine Hörspiele, die die Kinder dazu anregen sollten, Bilder zu betrachten und – der Geschichte folgend – sie im Detail zu entdecken. Diese Geschichten sollten die Kinder selbst erfinden, ohne dass sie an irgendwelche Vorgaben gebunden waren, sondern nur frei, ihren Assoziationen folgend.

Umsetzung

Aber wie sollte dieses Konzept praktisch umgesetzt werden?

Erst die Diskussion des Projekts mit der Stiftung Zuhören bot die Grundlage für die Realisierung des Projektes. Marion Glück-Levi, Vorsitzende der Stiftung Zuhören, konnte für den von Cathrin Klingsöhr-Leroy, Direktorin des Franz Marc Museums in Kochel a.See, vorgetragenen Plan Starthilfe geben. Sie vermittelte den Kontakt zu Schulklassen, deren Lehrer Erfahrung mit sogenannten, von der Stiftung Zuhören installierten Hörclubs hatten. Die Arbeit mit Klängen, Geschichten und Geräuschen im Schulunterricht wurde auf das Museum und auf die Auseinandersetzung mit Malerei, Zeichnung und Druckgraphik übertragen.

Doch zunächst sollten die Schüler aus drei Klassen die Bilder im Original und das Museum – noch im Rohbau – kennenlernen, denn wie Bilder des »Blauen Reiter« »gemacht« waren und dass sie in der Landschaft entstanden, wo heute das Museum steht, schien uns wichtig zu vermitteln. Nach diesem ersten »Kennenlernen« ging die Arbeit los. Jede Gruppe wählte fünf Werke aus und setzte sich mit diesen Bildern auseinander. Dabei waren die Motive der Bilder und die Intention des Künstlers viel weniger wichtig als die eigenen, vor dem Werk entwickelten Vorstellungen.

So erzählte eine Märchenerzählerin einer der Schulklassen ein russisches Märchen, in dem ein

Kinder führen ihre Altersgenossen mit kleinen Hörspielen durch die Ausstellung mittels Geschichten, Gedichten und Gesängen.

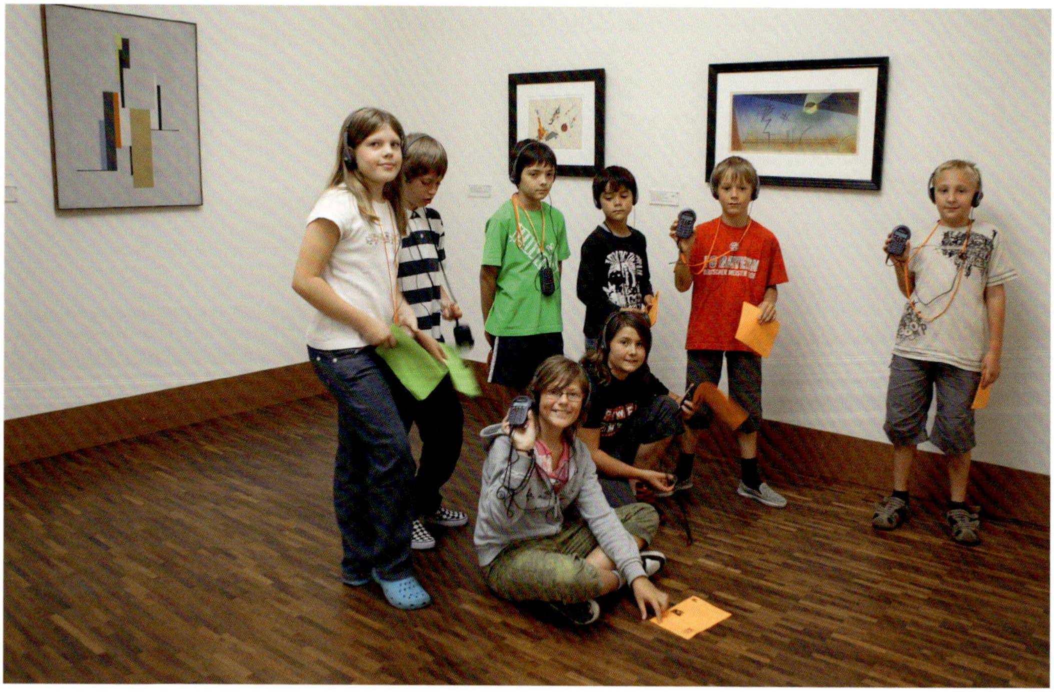

Mit dem Audioguide von Kindern für Kinder können die kleinen Besucher im Museum unabhängig von ihren Eltern unterwegs sein.

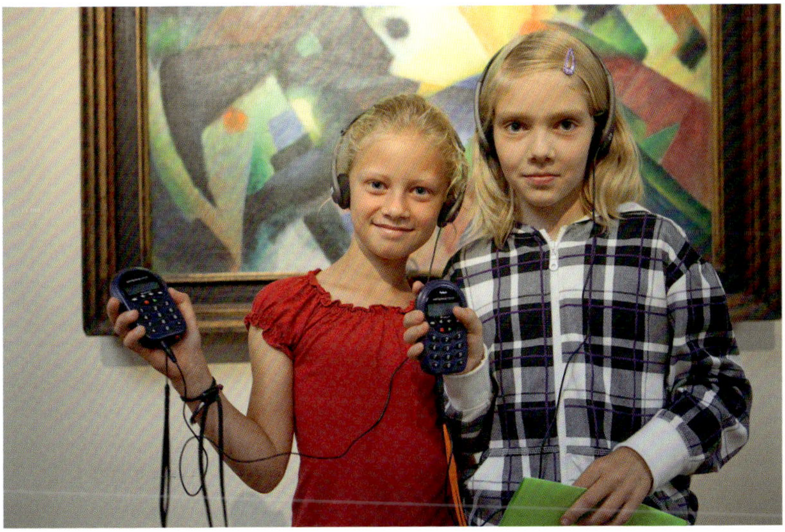

Zauberpferd eine Rolle spielt, um sie zur Auseinandersetzung mit Franz Marcs »Springendem Pferd« anzuregen.

Der Bitte der Lehrerin, auf der Blockflöte frei zu improvisieren, um die Rolle des von Else Lasker-Schüler dargestellten »Schlangenanbeters« auf dem Marktplatz von Theben nachzuspielen, folgte unter dem Gelächter der Übrigen nur ein Schüler, dessen Improvisation aber einen Zugang zu der exotisch gekleideten Gestalt auf der Collage von Else Lasker-Schüler herstellte.

Eine andere Klasse machte einen Ausflug ins Franz Marc Museum, um zwischen noch unverputzten Betonwänden im »Aussichtsraum« den traumhaften Blick auf See und Berge zu genießen, der auch im 2008 eröffneten Museum die Besucher fasziniert. Die Kinder entwickelten dann ein kleines Hörstück, das heute am Anfang des Audioguides steht und zunächst einmal Landschaft und Museum thematisiert. Dabei wählten die Kinder das Lied »Kommt ein Vogel geflogen« als Ausgangspunkt.

Auf diese Weise wurde in den Klassen eine Vielzahl von Ideen, Assoziationen, Konzepten entwickelt, die jedoch geordnet und inszeniert werden mussten. Die erfahrene Hörspielregisseurin Eva Severini wurde uns von Marion Glück-Levi zur Seite gestellt. Sie organisierte aus dem zunächst noch ungeordneten Material Hörstücke, verteilte die Rollen und suchte mit den Kindern Geräusche aus, sodass ihre Ideen lebendig wurden.

Produktion

Und die technische Umsetzung? Auch hier spielte die Stiftung Zuhören eine entscheidende Rolle, indem sie es möglich machte, von den Studios und dem technischen Know-how des Bayerischen Rundfunks zu profitieren. An jeweils einem Wochenende wurden die Hörstücke der einzelnen Schulklassen produziert – eine hohe Anforderung an Disziplin und Konzentration aller Beteiligten, aber auch ein großes Erlebnis für die Kinder.

Auf die Frage eines Journalisten, wie es denn gewesen sei, die eigenen Geschichten in einem richtigen Studio aufzunehmen, antworteten die meisten sehr begeistert. Ein Junge äußerte allerdings nachdenklich, es sei schon sehr schwer gewesen, sich in die Mutter auf August Mackes Gemälde »Große Promenade« einzufühlen.

Die Hörstücke gab es nun, aber wie sollten sie aufeinander folgen, wie verbunden werden. Der erste Gedanke war natürlich der an Musik, aber hier ergab sich eine Schwierigkeit, die mit dem begrenzten Budget für das Projekt zusammenhing. Die Rechte für Musik sind teuer. Außerdem wollten wir nicht irgendwelche Musik. Auch die musikalische Begleitung sollte neugierig machen auf etwas Neues, etwas Anderes, als das täglich Gewohnte. Der schließlich am Ende des Projekts miteinbezogene Komponist Stefan Hakenberg erklärte sich bereit, Musik zu komponieren und ging mit seinen Stücken, die von seinen Studenten gespielt wurden, ganz wunderbar auf die Erzählungen der Kinder ein, wobei er darüber hinaus auch eine lockere Verbindungen zu der dem »Blauen Reiter« zeitgenössischen Musik – von Schönberg etwa – herstellte.

Einsatz

In etwas mehr als sechs Monaten entstand ein Audioguide, der die Kinder im Franz Marc Museum beglückt: Dieser Museumsführer für die Kleinen wird gratis angeboten, was die meisten der jungen Besucher nutzen. Manchmal buchen auch Kindergruppen oder Schulklassen den Audioguide im Voraus für Ihren Besuch. Die Kinder sind auf diese Weise unabhängig und machen sich meist ohne erwachsene Begleitung auf die Suche nach den vorgestellten Werken. Manchmal sieht man sie auch versunken in den Museumssesseln sitzen oder in der Gruppe kichernd vor einem Werk stehen. Die Auseinandersetzung scheint hier viel emotionaler als bei unseren erwachsenen Besuchern.

Die technische Umsetzung des Audioguides erlaubt es, die Führung durch weitere Hörstücke zu erweitern, was auch schon einmal – mit der Unterstützung der Grundschule in Kochel – geschehen ist und in den nächsten Jahren fortgeführt werden soll. Außerdem wird der Audioguide im Museumsshop auch als CD sowie in einer Version verkauft, die als Werkstattbuch die besprochenen Bilder auch in Abbildungen vorstellt und zur eigenen kreativen Auseinandersetzung anregt.

Im Franz Marc Museum ist diese Form der Kinderführung ein großer Erfolg.

Ich sehe was, was du nicht siehst

Ein generationenübergreifendes Audioprojekt im Museum Deutscher Fayencen

Tanja Kohwagner-Nikolai

Allgemeine Informationen

- Museum: Dauerausstellung »Über den Tellerrand … Museum Deutscher Fayencen« in Schloss Höchstädt a.d. Donau
- Beteiligte Schule: Theresia-Gerhardinger-Grundschule am Anger München (Jahrgangsstufe 3 und 4, insgesamt 27 Schülerinnen, 1 Lehrerin)
- Weitere Beteiligte: Historischer Verein Höchstädt (4 Senioren)
- Betreuung: Dr. Uta Piereth und Dr. Tanja Kohwagner-Nikolai (Bayerische Schlösserverwaltung), Eva Severini (Mediencoach der Stiftung Zuhören)
- Zeitraum: Dezember 2008 bis November 2009
- Produziert in den Studios des Bayerischen Rundfunks, München
- Endgeräte: 4 Hörstationen (Individualanfertigung)

Grundsätzliche Fragen

Das Fayencemuseum in Schloss Höchstädt präsentiert das auf den ersten Blick für Laien eher unbekannte Thema »Fayencen« unter verschiedenen Gesichtspunkten von Herkunft und Herstellung über wirtschaftliche Aspekte hin zu kunst- und kulturgeschichtlichen Fragen wie Vorlagen, Repräsentation, Küche und Toilette. So hat jeder Raum sein eigenes Thema. Nach einer architektonischen Zäsur innerhalb des Rundgangs sollte die Perspektive wechseln: Bis dahin hatten wir als Fachleute den Besuchern quasi autoritativ etwas über die Objekte erzählt. Doch sollte auch thematisiert werden, dass heutige Betrachter Formen und Bilder zahlreicher Fayencen nicht mehr verstehen oder je nach Bildungshintergrund unterschiedlich deuten. Bildinhalte zu verbalisieren gehorte auch ursprünglich zu den Funktionen besonderer Dekore und Formen. Daher sahen wir es als methodisch legitim und spannend an, Kinder und ältere Erwachsene miteinander in Dialog über die Darstellungen treten zu lassen. Darüber hinaus konnten wir uns vorstellen, über solch hörbare Dialoge auch andere Besucher zum genauen Betrachten der Objekte und Reflektieren ihrer eigenen Wahrnehmung anzuregen.

Umsetzung und Produktion

Unsere konkreten Planungen begannen im Dezember 2008, 15 Monate vor Museumseröffnung, nach einer Besprechung mit Eva Severini (Mediencoach der Stiftung Zuhören) über Machbarkeit, Zeitaufwand und Kosten mit der Suche nach einer Klasse, die sich gerne an diesem Projekt beteiligen wollte. Zunächst versuchten wir, Lehrer Höchstädter Schulen zur Kooperation zu gewinnen, was sich als sehr schwierig erwies. Zudem befanden sich die Exponate damals noch in München im Depot. Über private Beziehungen stellte sich Kontakt zu einer Klassenlehrerin einer Münchner Grundschule her. Nach Rücksprache mit der Direktorin konnten wir auch die Parallelklasse zu einem Hörspielprojekt für unser Museum gewinnen. Die eine Klasse schlüpfte in die Rolle der Fayencen und schuf drei märchenhafte Kurzhörspiele. Sie sind im selben Raum in Schloss Höchstädt neben neun weiteren Produktionen u.a. von jugendlichen Kinderpflegeschülern des staatlichen Berufsschulzentrums Höchstädt zu hören, die unter Betreuung von Elke Dillman und Bernhard Jugel (Mediencoaches der Stiftung Zuhören) entstanden sind.

Die zweite dritte Klasse ließ sich auf unsere Idee des generationsübergreifenden Austauschs ein. Der Lehrerin wurde das Konzept vorgestellt, da wir auf Anraten von Eva Severini verhindern wollten, dass sie korrigierend eingreift. Unser Anliegen war es, Sichtweise, Ideen und vor allem Sprachwahl der Kinder im Dialog (und vielleicht Gegensatz) zu den Interpretationsansätzen der älteren Generation in einem akustisch ansprechenden Ergebnis festzuhalten.

Mit den Schülerinnen begannen wir Anfang März 2009 mit einer 90-minütigen Führung zum Thema »Fayence« in der Residenz München, da in Höchstädt selbst ja noch nichts präsentiert wurde. Jedes Mädchen erhielt eine Mappe, in die im Laufe des Projekts Zeitplan, Infomaterial, Bilder, Elternbriefe, Texte usw. eingelegt wurden. In derselben Woche folgte ein dreistündiger »Handschuh-Termin« in Schloss Nymphenburg. Dabei erhielten die Mädchen zuerst von Eva Severini eine kurze Einführung in audiophones Gestalten

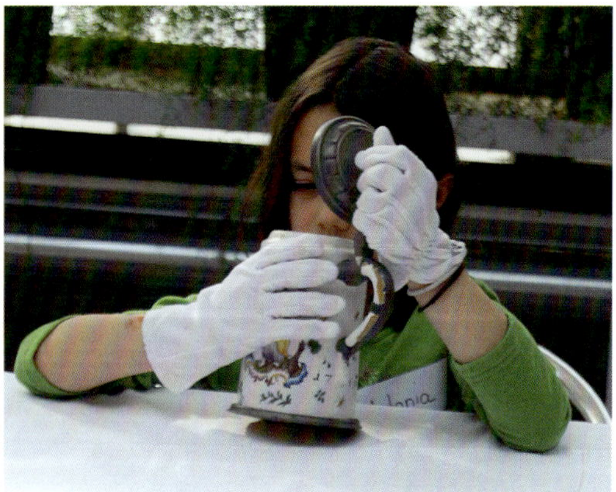

Bei der Vorbereitung der Audioguides lernen die Kinder die Arbeit des Museums kennen: die Objekte dürfen nur mit Restauratorenhandschuhen angefasst werden.

anhand von Projektbeispielen abstrakter Kunst. Anschließend wählten sie vier Lieblingsobjekte aus. Dazu hatten wir eine ganze Reihe in Frage kommender Fayencen aus dem Depot geholt. Die Kinder konnten die Kunstgegenstände nach allen fachgerechten Auflagen mit Restauratorenhandschuhen befühlen, drehen und wenden, sodass sie mit allen Sinnen »ihre« Objekte aussuchen konnten.

Diese Auswahl lief ungesteuert sehr stark auf bekannte Geschichten hinaus, die die Kinder in den Dekoren wiedererkannten. Auch bei der Gruppenzuordnung der Mädchen um ihren Fayence-Favoriten griffen wir auf Anraten von Eva Severini nicht ein, wodurch sich sehr ungleiche Gruppengrößen zwischen drei und elf Kindern pro Gruppe und ganz unterschiedlich leistungsbereite Konstellationen ergaben. In vier Gruppen sammelten sie erste Projektideen, die in der Schule weiter ausgesponnen wurden.

Parallel suchten wir freiwillige, ältere Erwachsene aus Höchstädt, da wir sowohl den generationsübergreifenden Dialog anstrebten, aber auch Verbundenheit zwischen regionaler Bevölkerung und Museum aufbauen wollten. Diese Suche gestaltete sich schwieriger als erwartet, was vielleicht an den unbekannten Erwartungen, dem fremden Thema und der räumlichen Distanz zwischen München und Höchstädt lag. Der Kontakt mit der Vorsitzenden des Historischen Vereins war schließlich erfolgreich. Mit Bild- und Informationsmaterial luden wir zu einem Treffen, bei dem eine Handvoll Interessenten die Bilder der Objekte betrachtete und ihre eigenen Interpretationsideen in Gesprächen äußerte. Vier Beteiligte erklärten sich daraufhin bereit, sich auf das Experiment einzulassen und verteilten sich ihren Neigungen folgend auf die vier ausgewählten Fayencen.

Nach diesem »Vertrautmachen« mit den Objekten folgte Mitte März der Dialog der Generationen: ein 90-minütiges Treffen im Klassenzimmer, bei dem sich Jung und Alt über »ihre« Fayence und ihre jeweiligen Sichtweisen austauschten.

Dabei konnten die Kinder Interviews mit den Erwachsenen aufnehmen. Dieser Dialog lief in den vier Gruppen je nach Veranlagung der Erwachse-

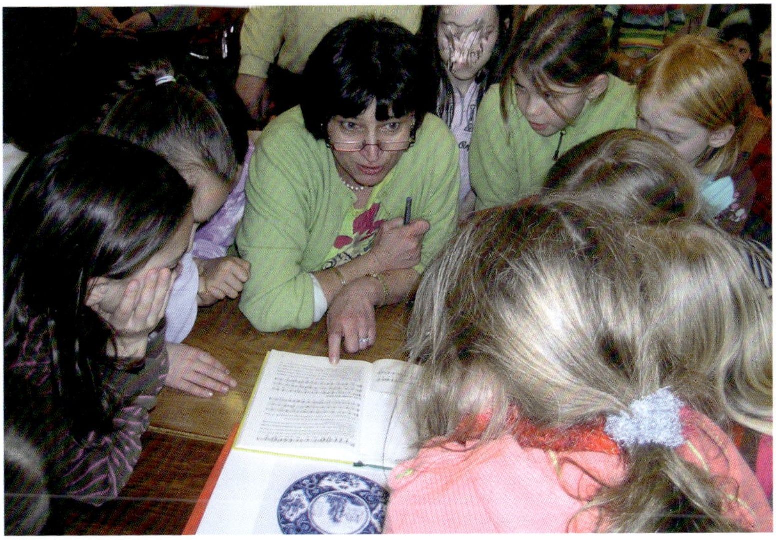

Gebannt lauschen die Schülerinnen dem Lied, an das sich Frau Thomas bei der Bildbetrachtung erinnert fühlt.

nen und der Gruppengröße sehr unterschiedlich. Beide Seiten waren aber sehr gut vorbereitet, gingen spontan und offen aufeinander zu. Aus zeitlichen Gründen konnten die Interviews leider nicht mehr – wie ursprünglich besprochen, erwartet und sinnvoll für den weiteren Verlauf – angehört werden. So wussten die Kinder bis zum endgültigen Produktionstermin nicht, was von ihren Interviews grundsätzlich verwertbar gelungen war und was warum nicht.

Mit den Erinnerungen aus den Gesprächen schrieben die Kinder innerhalb des Unterrichts je ein Drehbuch, in dem beide Sichtweisen kombiniert wurden. Vor den Pfingstferien wurden die Manuskripte zur Redaktion an Eva Severini übergeben. Es stellte sich heraus, dass zum einen die Manuskripte ausnahmslos zu lang waren und massiv gekürzt werden mussten, was ohne Beteiligung der Kinder geschah. Zum anderen wurde deutlich, dass den Drittklässlern zu wenig klar war, was audiophones Gestalten bedeutet und welch breite Möglichkeiten sie nutzen konnten. Deshalb folgte nun die schwierigste Projektphase. Ein Kind hatte nachweislich ein Gedicht selbst geschrieben, das mit der Begründung, Gedichte seien schwer zu sprechen und nicht kindlich, beim Kürzen gestrichen wurde. Einen anderen Text von Kinderseite formulierte die Redakteurin ohne Mithilfe der jungen Autoren zu einem Gedicht »nach Wilhelm Busch« um. Im Verlauf wurde deutlich, dass keine Maßstabe angelegt werden sollten, die nicht konsequent eingehalten werden. Sowohl die Kinder als auch die Erwachsenen des Historischen Vereins wünschten sich jeweils zusätzlich die dritte, »wissenschaftliche Sicht«. Dies war nur mit Diskussionen möglich, denn seitens der Medienvertreter wurde eine solche Sicht als unwichtig oder uninteressant eingestuft. Wir Museumsleute dagegen sahen und erfuhren dies permanent anders. Von Museumsseite und Schule war ein deutlich höherer Zeitaufwand notwendig als vorab veranschlagt. Es kam zu sehr kurzfristigen Terminverschiebungen und Zusatzterminen, die zeitnah in den Schulalltag eingebaut werden mussten. Die Lehrerin war außerordentlich kooperativ und verständnisvoll, auch wenn die Zeit für zu erfüllende Lehrplanvorgaben knapp wurde. Einige Eltern begannen sich deshalb zu beschweren. Die Mädchen waren zum Teil von den Kürzungen sehr enttäuscht. Doch konnten die Manuskripte bis Mitte Juni fertiggestellt werden, sodass gegen Monatsende das Sprechtraining stattfinden konnte. Die Produktion war für das erste Juliwochenende angesetzt, erfolgte krankheitsbedingt erst im November 2009, was ein erneutes Sprechtraining notwendig machte. Es entstanden mit dieser Klasse vier fest installierte Hörstationen bei den

Objekten. Die Länge der Beiträge bewegt sich zwischen 2:30 und 3:50 Minuten.

Da das Museum erst am 29. April 2010 eröffnete und Schule und Museumsseite einen schönen Projektausklang wünschten, unternahm die Klasse im Juli 2010 ihre Abschlussfahrt nach Höchstädt, um das Museum mit verschiedenen Workshops kennenzulernen und »ihre« Stationen vor Ort zu erleben.

Nutzen für die Projektbeteiligten und das Museum

Die Idee und die Chancen eines Dialogs zwischen unterschiedlichen Generationen sind von Museumsseite sehr wünschenswert und können Besucher zum eigenen Nachdenken über ihre Sicht auf Bilder und Objekte anregen. Die Besucher nehmen die Stationen tatsächlich gerne an, da sie nach dem ersten Teil des Museums und einem kurzen Weg über den Gang die Sichtweise umkehren und »wachrütteln«, sodass die letzten Räume mit neuem Schwung besucht werden können. Bei einer Befragung unter den Höchstädter Bürgern stellte sich jedoch heraus, dass die regionale Verankerung über mitwirkende Personen für die Besucher wenig bis keine Bedeutung hat.

Die Resonanz und Begeisterung der Kinder war unterm Strich sehr groß. Ein Mädchen meinte: »Ich wusste gar nicht, dass Deutschunterricht so toll sein kann.« Auch die Lehrkraft zog eine mehr als positive Bilanz.

Im Fall eines ähnlichen Vorhabens, würden wir folgende Aspekte beachten und verbessern: Ein generationsübergreifendes Projekt erfordert durch die vielen Beteiligten mehr Organisationsaufwand als reine Kinder- oder Jugendprojekte. Die Erwartungen und Ansprüche müssen im Vorfeld von allen Beteiligten klar formuliert und akzeptiert werden. Die Gruppenaufteilung sollte, um Gruppen annähernd der gleichen Größe zu haben, etwas mehr gesteuert werden. Die Originalität und Sprachentwicklung der Kinder unterschiedlichen Alters muss berücksichtigt werden. Eine intensivere Einführung in die Möglichkeiten des audiophonen Gestaltens wäre wünschenswert. Neben einem Sprechtraining sollte es eine Übung für »Geräuschemacher« geben. Eine zu große Zeitspanne zwischen Projektbeginn und Produktion gilt es zu vermeiden. Außerdem empfiehlt es sich, die Eltern, gerade bei dieser Altersgruppe, über mehrere (in diesem Fall vier bis fünf) Elternbriefe hinaus in einem speziellen Elternabend zu informieren.

Insgesamt waren wir von der Museumsseite sehr unerfahren, teilweise naiv in das Abenteuer gestartet. Doch wir konnten viele wertvolle Erfahrungen sammeln – und würden es jeder Zeit wieder tun.

Der Jugend zuhören

Audioguides von und für Jugendliche im Naturkundemuseum Ostbayern

Mareike Goetz

Allgemeine Informationen

- Museum: Naturkundemuseum Ostbayern, Regensburg
- Beteiligte Schulen: Max-Ulrich-von-Drechsel Realschule Regenstauf, Realschule Vohenstrauß, Berufsbildungszentrum Regensburg, Private Pindl Realschule Regensburg (7. bis 10. Klassenstufe, insgesamt 74 Schüler und Schülerinnen)
- Betreuung: Dr. Hansjörg Wunderer, Museumsleitung, und Dipl.-Biol. Mareike Goetz (Naturkundemuseum Ostbayern), Elke Dillmann (Mediencoach der Stiftung Zuhören)
- Produktion: September 2007 bis April 2009
- Produziert im Regionalstudio Regensburg des Bayerischen Rundfunks
- Mobile Endgeräte

Das Projekt »Der Jugend zuhören – Audioguides von und für Jugendliche« am Naturkundemuseum Ostbayern ermöglichte 74 jungen Menschen einen ganz außergewöhnlichen Zugang zu der im Museum präsentierten Arten- und Lebensraumvielfalt. Die Schülerinnen und Schüler gestalteten aktiv und selbstbestimmt – von der ersten Idee bis zum fertigen Audioguide. Das Angebot des Naturkundemuseums Regensburg wurde durch diese Audioguides, die durch die ständigen Sammlungen führen, erweitert.

Projektbeschreibung

Eine Umweltpädagogin vermittelte den ersten Zugang und das Erleben des Museums. Dann erfolgte die eigenständige Erarbeitung der vertonbaren Beiträge unter Betreuung durch die Umweltpädagogin und Lehrkräfte. Profis des Bayerischen Rundfunks schulten die Jugendlichen im »Schreiben fürs Ohr« und betreuten das Projekt. Die Hörbilder wurden in den Studios des Bayerischen Rundfunks in Regensburg produziert.

Das Projekt »Der Jugend zuhören« hatte das Ziel, im Sinne von »Bildung für Nachhaltige Entwicklung« (BNE), Gestaltungskompetenzen zu fördern. BNE heißt Zusammenhänge zu erkennen, kreative Lösungen zu entwickeln und nicht nur mit dem Kopf zu lernen. BNE will Neugierde wecken und Lernen trainieren. Dieses Audioguide-Projekt erfüllte diese Ziele sowohl inhaltlich als auch pädagogisch: Die Schülerinnen uns Schüler zeigten Probleme auf, sammelten Informationen, entdeckten Lösungsvorschläge und gaben schließlich ihre Erkenntnisse kreativ gestaltet, mittels dem Medium Audioguide, an andere weiter.

Die von den Jugendlichen gestalteten Audioguides sind am Eingang des Museums leihweise erhältlich. Sie bieten jugendlichen Besuchern einen ganz besonderen Zugang zur Ausstellung und auch Erwachsenen eine Chance, viel über Natur und Lebensraum zu lernen.

Die Themen orientieren sich einerseits am Lehrplan der Schulen – die Lehrkräfte waren eingeladen am Projekt mit Unterrichtsthemen teilzunehmen. Andererseits folgen die im Audioguide behandelten Inhalte dem roten Faden durch das

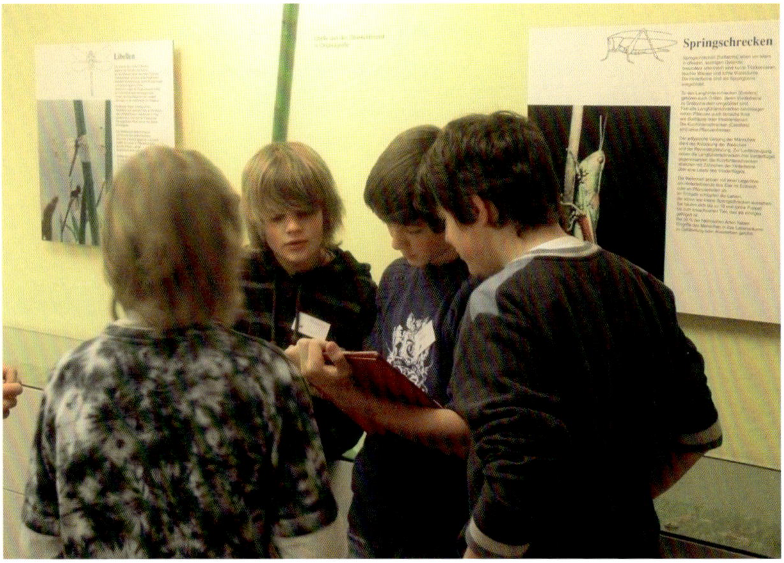

Das Team entwickelt gemeinsam das Drehbuch.

Museum und stellen eine Auswahl von Exponaten der ständigen Ausstellung vor.

Produktion, Endproduktion

Das Projekt wurde in aufeinanderfolgende Phasen gegliedert, bei denen verschiedene Methoden zum Einsatz kamen.

- Museum erleben: Führung und Rallye für teilnehmende Schülerinnen und Schüler
- Beiträge erarbeiten und vertonen: Unterstützung der Jugendlichen durch eine Umweltpädagogin, kooperierende Lehrkräfte und Medienpädagogische-informationstechnische Berater (MIBs) sowie Mediencoaches des Bayerischen Rundfunks
- Eröffnungsaktion im Naturkundemuseum zur Einführung der Audioguides

Der Ablauf wurde insgesamt drei Mal durchgeführt, jeweils mit einer bzw. zwei Schulen. Die Anzahl der Aktionstage mit den Schülerinnen und Schülern lag zwischen fünf und acht zusätzlich der Premierenfeier.

Die Projektorte für die Durchführung waren das Naturkundemuseum, die Schulen und die Studios des Bayerischen Rundfunks in Regensburg.

- Museum: Museumserlebnis, Brainstorming und erste Ideen für die Beiträge entwerfen
- Schule: Textarbeit und Beitragserstellung
- Studio des Bayerischen Rundfunks: Einsprechen der Texte, Erstellung der Endversion

Die Gesamtlaufzeit des Projekts betrug 20 Monate. Folgende Arbeitsschritte wurden verfolgt:

1. Vorbereitung: Konzepterstellung, Kontakte knüpfen zu Schulen und Medienpädagogische-informationstechnische Berater (MIBs), Sponsorensuche, Planung gemeinsam mit Mediencoach des BR
2. Durchführung mit den Schüler/innen: Museumserlebnis, Beitragserstellung, Einsprechen der Texte
3. Nachbereitung der Texte im Tonstudio durch Tontechniker
4. Premierenfeier der Audioguides im Naturkundemuseum Ostbayern mit Teilnahme der Schulen, Lehrer, Sponsoren, lokalen Politiker und der interessierten Öffentlichkeit

Die 33 entstandenen Tracks (Länge ca. drei Minuten) sind so vielseitig wie der Lebensraum, den das Naturkundemuseum Ostbayern präsentiert. Sie behandeln folgende Inhalte:

Vielfalt der einheimischen Insektenfauna, Arten- und Biotopschutz, Lebensraum Wald, Lebensraum Wasser, erdgeschichtliche Entwicklung des Naturraums Ostbayern.

Die Schülerinnen und Schüler ließen beispielsweise Bienen und Biber sprechen, verfassten eine Werbesendung für die Bodenschätze der Oberpfalz oder berichteten live vom Wettkampf der Kräuter. Es wurde ein Schnabelsong gedichtet, der mit Unterstützung der Musiklehrkraft und der Schulband vertont wurde. Der Audioguide-Hörer erfährt in von Schülerinnen geführten Interviews mit Experten, warum Schaben die perfekten Haustiere sind und was beim Anlegen eines Gartenteichs wichtig ist.

Die Audioguides sind an der Pforte des Naturkundemuseums auszuleihen. Derzeit wird keine Leihgebühr erhoben (Stand 2012). Die Audioguides werden bei allen Altersstufen eingesetzt.

Nutzen für die Projektbeteiligten und das Museum

Für einen erfolgreichen Projektverlauf und die Zufriedenheit aller Beteiligten ist unbedingt auf eine angemessene Projektlaufzeit zu achten. Der Zeitbedarf der einzelnen Schülergruppen für Ideenfindung, Recherche, Manuskript schreiben und Vertonung war sehr unterschiedlich. Die Bedürfnisse der einzelnen Gruppen sollten wenn möglich immer respektiert werden. Es hat sich bewährt, auch in die Lese- und Vortragstechniken Zeit zu investieren, um mit den Schüler/innen intensiv an ihren Texten Sprache und Vertonung zu üben.

Das Projekt hat viele Gewinner. Die Jugendlichen entdeckten wertvolles Wissen über die heimische Natur und Umwelt. Sie beschäftigten sich außerdem mit neuen Berufsfeldern, lernten den Museumsalltag kennen und gleichzeitig viel über neue Medientechniken. Das Naturkundemuseum hat ein attraktives Angebot für Besucher und Besucherinnen gewonnen. Lernen durch Zuhören ist im Museum ein ansprechendes Medium.

Das Erleben der eigenen Schülerinnen und Schüler in einer schulfernen Atmosphäre und mit anderer Motivation war für die beteiligten Lehrkräfte eine sehr positive Erfahrung. Eine Schülerin mit Leseschwäche lernte ihre Textzeilen kurzerhand auswendig und erzielt damit einen der packendsten Tonbeiträge. Eine prägende Erfahrung, die ihr Selbstwertgefühl spürbar steigerte.

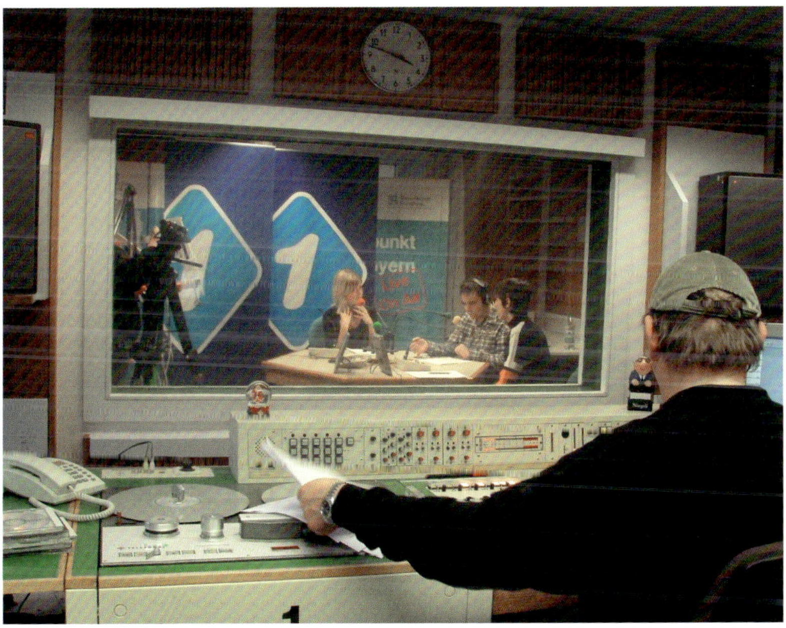

Die Zusammenarbeit mit den Profis im Studio des Bayerischen Rundfunks ist für die Jugendlichen eine besondere Attraktion.

Kinder und Jugendliche sind heute fast ständig von Medien und Information umgeben, meist allerdings als Konsumenten. Das Projekt am Naturkundemuseum bot die Möglichkeit, die Seiten zu wechseln. Die Schülerinnen und Schüler recherchierten Fakten und »verpackten« diese, um sie an andere weiter zu geben. So wird das Museum ein außerschulischer Lernort, an dem auch Erwachsene den Jugendlichen zuhören.

Mehr als nur Hören

Der Multimediaguide für das Deutsche Hopfenmuseum

Christoph Pinzl

Allgemeine Informationen

- Museum: Deutsches Hopfenmuseum Wolnzach
- Beteiligte Schulen: Hallertau-Gymnasium, Realschule Geisenfeld, Hauptschule Wolnzach (30 Teilnehmer im Alter zwischen 13 und 17 Jahren)
- Betreuung: Dr. Christoph Pinzl (Leiter des Deutschen Hopfenmuseums), Elke Dillmann, Andreas Mack, Martin Breitkopf, Geli Schmaus und Alexander Bruch (Mediencoaches der Stiftung Zuhören)
- Zeitraum: Frühjahr 2009
- Produziert in den Studios des Bayerischen Rundfunks, München
- Mobile Multimedia-Endgeräte mit RFID-Technik

Das Deutsche Hopfenmuseum wurde 2005 in Wolnzach in einem neu gebauten Museumsgebäude eröffnet. Auch wenn die Hallertau, als dessen »Hopfenmetropole« sich Wolnzach gerne bezeichnet, nicht unbedingt zu den klassischen Tourismuszielen Bayerns gehört, sollte das Museum aufgrund seiner Lage im größten Hopfenanbaugebiet der Welt keineswegs als reines Heimat- oder Regionalmuseum funktionieren, sondern möglichst auch für internationales Publikum etwas zu bieten haben. Schließlich wird jedes dritte Bier weltweit mit dem Hopfen aus dieser Region gebraut. Durch die Vielzahl der möglichen Sprachen einerseits und um andererseits gestalterisch nicht den Anschein von Textlastigkeit im Museum zu vermitteln, war neben fremdsprachigen Führungen ein Audioguide-System als fester Bestandteil im Museumskonzept verankert. Aufgrund fehlender finanzieller Mittel musste man jedoch die Planungen hierzu bis auf unbestimmte Zeit nach der Eröffnung verschieben.

Grundsätzliche Fragen: Bildschirm oder nicht?

Diese Verschiebung dauerte bis Ende 2008. Dann erhielt das Museum nicht nur das Angebot der Bayerischen Sparkassenstiftung zur Anschaffung der nötigen Hardware. Durch die Vermittlung der Bayerischen Sparkassenstiftung kam auch ein Kontakt mit der Stiftung Zuhören zustande. Man bot dem Deutschen Hopfenmuseum die Betreuung, Planung und Erstellung von medialen Beiträgen speziell für Kinder und Jugendliche an. Diese Beiträge sollten von im Ganzen 30 Schülern der 8. Jahrgangsstufe aus Wolnzach und Geisenfeld selbst erstellt werden und die Umsetzung komplett mit Mediencoaches der Stiftung Zuhören erfolgen.

Konzepte dieser Art waren bis dahin bereits in Kunstmuseen in München oder Kochel erfolgreich umgesetzt worden. Beim Wolnzacher Projekt wollte man in mehrfacher Hinsicht Neuland betreten. Hier ging es nicht um unabhängig voneinander präsentierte Kunstwerke. Hier stand ein Thema aus der Kulturgeschichte zur Disposition, dessen einzelne Themenbausteine im Museum eher wie auf einem roten Faden aufgereiht nach-

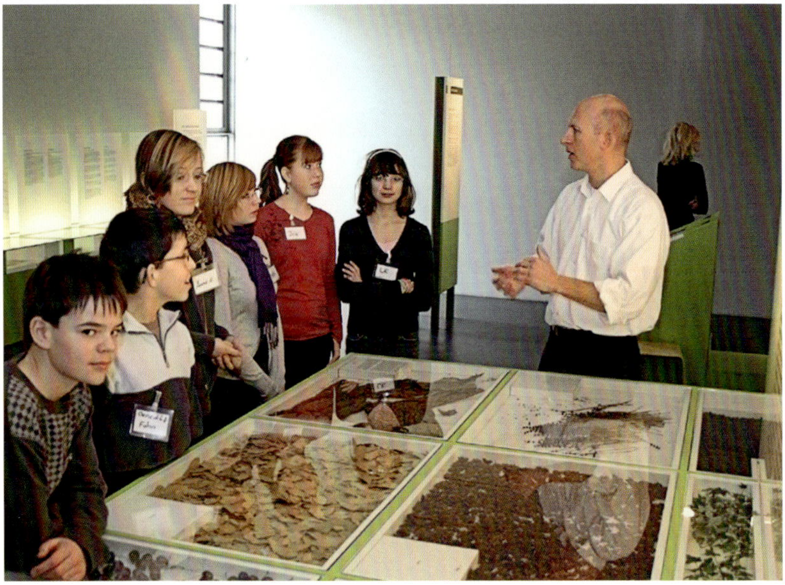

Der Museumsleiter führt durch das Museum und gibt grundlegende Informationen, damit die Jugendlichen anschließend ihre Exponate auswählen, die sie im Hörstück näher erläutern werden.

einander folgen. Zudem bestand der Wunsch, die reine Hörebene zu überschreiten und nach Möglichkeit auch multimediale Beiträge von den Schülern erstellen zu lassen, also auch (bewegte) Bilder, interaktive Ratespiele oder ähnliches zu integrieren. Mit dieser Vorgabe war nun zwangsläufig auch eine Entscheidung getroffen, mit der sich die Museumsleitung bereits im Vorfeld der Museumsplanung lange intensiv auseinander gesetzt hatte und zwar ob die Wahl des Abspielgerätes auf ein reines Audio-Gerät oder aber eines mit zusätzlichem Bildschirm fallen sollte. Die vorangegangenen Recherchen bei allen einschlägigen Guide-Herstellern waren in einer Zeit erfolgt, in der die Begeisterung über die neuen Möglichkeiten zusätzlicher visueller Angebote einer gewissen Ernüchterung und der Rückkehr zum akustischen Purismus wich. Nicht wenige Hersteller vermittelten damals die Abkehr sowohl von der Bildschirmtechnologie als auch vom Umgang mit so genannter »Consumerware« – also Geräten beispielsweise aus dem MP3-Player- oder dem PDA (Personal Digital Assistant)-Segment – zurück zu schlankeren, technisch bewährten und vor allem hausintern entwickelten Geräten mit entsprechend langfristigen Service- und Ersatzteilgarantien. Es fiel deutlich auf, dass man, jedenfalls einem eher »mittelständischen« Kunden wie dem Deutschen Hopfenmuseum, wo man sich den »Audioguide fürs Leben« anschaffte, von der Verwendung von Bildschirm bzw. Bildinformationen eher abriet. Und noch viel mehr warnte man vor dem Gedanken, mit dem neuen System einen Guide erwerben zu können, der alle Wünsche erfüllt und sowohl GPS-Signale verarbeitet als auch als Touristguide für den lokalen Außenbereich dienen könnte.

Letztgenanntes ließ man in Wolnzach tatsächlich fallen, ein Bildschirm sollte es aber trotz allem sein, das brachte eben schon der Wunsch nach Multimedialem für den Kinderguide mit sich. Die Wahl eines geeigneten Abspielmodells wurde dann aber noch einmal durch eine weitere, intensiv diskutierte Fragestellung erschwert: Wie löst der Besucher die jeweiligen Beiträge in der Dauerausstellung aus? Diese Frage schien essenziell für die spätere Usability des Systems. Ein voll- oder halbautomatisches Auslösen mittels Radiowellen- oder Infrarotsignal erschien nicht nur als zu kostspielig, sondern auch zu wartungsanfällig. Außerdem wollte man dem Besucher die Auswahl der Beiträge unbedingt selbst überlassen und ihn von der typischen »Zonenabhängigkeit«, beispielsweise eines Infrarotsystems, entbinden. Auf der anderen Seite schied die weit verbreitete Auswahl gewünschter Medienfiles mittels Zahleneingabe durch den Besucher aber ebenfalls aus. Der Guide sollte ja keineswegs für alle Besucher die gleichen Informationen bieten, sondern mittelfristig – auch hier war der Ehrgeiz groß – mehrere Führungsangebote für verschiedene Zielgruppen, Erkenntnisinteressen, Altersstufen und Sprachen gleichberechtigt nebeneinander stellen. Neben dem mit der Stiftung Zuhören erstellten Kinderführer plante man aktuell schon einen »Hörspiel-Guide« für Erwachsene, ein Museumsquiz, einen Kurzdurchgang und für die fremdsprachigen Führungen die Abteilungstexte in vorgelesener Form. Insofern waren aber nicht alle Abteilungen oder Exponate im Museum für jeden Führungstyp gleichermaßen relevant. Bei einer an Zahlen gebundenen Auswahl wäre das Ergebnis ein undurchschaubares Durcheinander von Zahlen und Ebenen gewesen.

Technische Umsetzung: RFID im Museum

Die Lösung für dieses Problem fand sich in einer Technik, die bis dahin (2008) weniger bei der Medienpräsentation in Museen aufgefallen, sondern vielmehr vor allem in der Waren- und Lagerwirtschaft verbreitet war: Radio-Frequency Identification (RFID). Vereinfacht dargestellt kommunizieren hierbei an den Points-of-interest beliebig montierte Computerchips mit einem Empfänger, der dann ein bestimmtes Gerät, in diesem Fall das Abspielgerät des Multimedia-Guides, veranlasst, eine bestimmte Aktion auszuführen, sprich, eine Mediendatei abzuspielen. Die benötigten Chips, die so genannten »RFID-Tags« kosten Centbeträge, was der noch zu erwartenden Erweiterbarkeit des Systems (z.B. Sonderausstellungen) alle Möglichkeiten auch in finanzieller Hinsicht offen lässt. So ein System vereinte in idealer Weise die Wolnzacher Wünsche. Jeder Besucher löst selbst die von ihm gewünschten Beiträge aus. Die Chip-Empfänger-Einheit ist sehr wartungsfreundlich und verursacht keine Folgekosten (z.B. kein Batterietausch). Vor allem aber zeigt sich dem Besucher ein System in bestechend einfacher Form: »Überall wo du einen *Tag* siehst, da halte dein Gerät hin und warte ab was passiert.« – fertig. Was dann im konkreten Fall passiert, hängt von der anfänglichen Auswahl der jeweiligen Führung bei der Geräteausgabe ab: eine fremdsprachige Erklärung, ein von Schülern gedrehtes Kurzvideo, zusätzliches Bildmaterial, ein Gespräch mit einer Gewährsperson, ein Teil des Hörspiels usw.

Allerdings: War das Herstellerangebot bildschirmbedingt ohnehin schon recht eingeschränkt, hinterließ das Betreten des RFID-Neulandes endgültig eine leere Herstellerliste, jedenfalls so lange das Ganze noch finanzierbar bleiben sollte. Google und der Ausdauer des Geschäftsführers der Bayerischen Sparkassenstiftung sei Dank stieß man jedoch auf ein Projekt am Lehrstuhl für Informatik, Datenbanken und Informationssysteme der Uni Münster. Dort hatte die Unerprobtheit von RFID gerade nicht zur Zurückhaltung, sondern vielmehr zur Entwicklung eines innovativen Besucherinformationssystems namens MoVIS geführt. Als Abspielgeräte dienen hochwertige Business-PDAs (Terminplaner) eines bekannten PC-Herstellers, die man von einer auf RFID-Technik spezialisierten Partnerfirma bei München mit RFID-Empfängern (Transpondern) ausstatten lässt. In Münster selbst entwickelt man das eigentliche Herzstück des Systems, die MoVIS-Software, die sich aus drei Teilen zusammensetzt: der Abspielsoftware auf den mobilen Geräten, einem Content-Management-System, das jeder Nutzer von MoVIS auf einem stationären Rechner vor Ort selbst verwaltet und einer Serverapplikation, auf der die eigentlichen Daten lagern. Wer selbst keine Serverinfrastruktur vorhalten will, der erhält das Angebot aus Münster, die dortigen Server für ein gewisses Jahresentgelt nutzen zu können. Besonders die Möglichkeit, Inhalte selbständig, ohne Abhängigkeit vom Service eines Guide-Anbieters, mit Hilfe des Content-Management-Systems einpflegen zu können, lieferte in Wolnzach das letzte schlagende Argument für die Wahl dieses Weges.

Prototypisches

Es sollte ein bisweilen etwas steiniger Weg werden, wenngleich auch mit einem sehr erfolgreichen Zieleinlauf. Erst im weiteren Verlauf stellte sich heraus, dass die bayerisch-westfälische Partnerschaft tatsächlich das erste Projekt seiner Art war, ein Vorläufer in einem Münsteraner Freilichtmuseum war noch unter Vollbetreuung der Universitätsmitarbeiter erfolgt. Nun war aber erstmals der Museumskunde selbst gefragt. Freilich darf nicht unerwähnt bleiben, dass die Vorgaben von MoVIS schnell den eigenen Nutzungsideen des Museums weichen mussten und nicht selten die recht unterschiedlichen Nutzungsansätze von Softwareplanern und Museumspersonal zum Vorschein kamen. Braucht ein Taster an einem Gerät, nur weil es ihn gibt, auch unbedingt eine Funktion?

Das Ergebnis der hohen Einsatzbereitschaft, nicht zuletzt auch der MoVIS-Mitarbeiter, war rechtzeitig zum Präsentationstermin im Mai 2009 ein sehr einfach bedienbares, relativ stabiles und zweifellos faszinierend performantes System. In jedem Fall sei diese Wahl nur Museen mit ausreichend PC-affinem Personal empfohlen. Nachfolgende Serviceleistungen mit bekannten Ansprechpartnern sind an einem Universitätslehrstuhl mit ständig wechselndem (studentischem) Personal zwangsläufig nicht immer reibungslos zu haben. Überdies darf bezweifelt werden, ob ein PC-Weltkonzern für die inzwischen heillos von der »Iphonisierung« hinweggeschwemmte PDA-Geräteklasse noch allzu lange Support anbieten wird. Das Problem von Nachkäufen erübrigt sich in Wolnzach allerdings – mangels Finanzkraft.

Die Schülerinnen lernen mit der Kamera umzugehen …

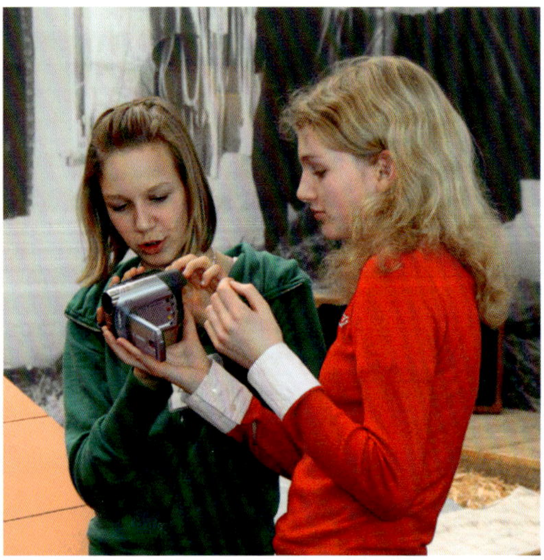

Umsetzung und Produktion

Die Zusammenarbeit mit der Stiftung Zuhören gestaltete sich als ausgesprochen angenehm. Der audio-visuelle Pfad bescherte auch den Mediencoaches einigen Mehraufwand, schließlich galt es, die Schüler nicht nur in die Erstellung eines kleinen Drehbuches, in die Kunst einen Redebeitrag einzusprechen oder einen Interviewpartner fachgerecht zu befragen, einzuführen. Sie sollten auch mit ihren Kameras passende Bildeinstellungen wählen, Schnittfolgen vorab konzipieren usw. Zwangsläufig kam man hier bisweilen über die Ebene der reinen Einführung nicht hinaus und die Mediencoaches mussten einiges in Eigenregie erledigen. Zudem galt es für die Museumsleitung, die Schüler in das für sie meist völlig unbekannte Themengebiet »Hopfen« einzuführen und darüber hinaus ihre Kreativität anzuregen, um als jugendliche »Content-Lieferanten« gerne auch etwas ungewöhnlichere, schrägere Projektideen umsetzen zu dürfen. So landeten schließlich UFOs in der Hallertau, ließ sich Wilhelm IV. bei der Verkündung des Reinheitsgebotes zusehen oder die Heilige Hildegard über die Wirksamkeit von Hopfenmedizin befragen.

Ein rundum gelungenes Ergebnis gab es nicht nur auf technischer und inhaltlicher Ebene. Auch ein weiteres ehrgeiziges Unterfangen, nämlich in jeder Arbeitsgruppe nur Schüler aus verschiedenen Schularten zusammenarbeiten zu lassen, funktionierte trotz anfänglicher Skepsis ganz hervorragend, sodass man zuletzt wirklich nicht mehr wusste, ob ein Teammitglied nun aus dem Gymnasium oder aus der Hauptschule stammte. Somit

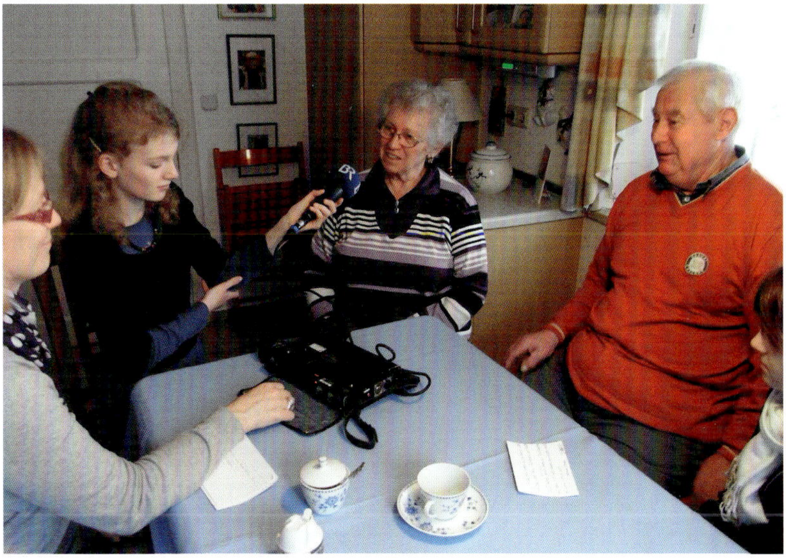

... und Zeitzeugen mit dem Aufnahmegerät zu interviewen.

lag der Nutzen des Projektes mindestens ebenso sehr auf der methodischen wie auf der Ergebnisseite. Der Weg war ein wichtiges Ziel: Neben dem Gedanken, multimediale Beiträge für das Museum zu erhalten, stand der museumspädagogische Zweck, die Erstellung solcher Beiträge auf attraktive Weise zu vermitteln.

Produkt

Der Multimedia-Guide steht seit Sommer 2009 den Besuchern des Deutschen Hopfenmuseums für geringes Entgelt zur Verfügung und wird gut angenommen. Neben dem »Schüler-Guide« und einer englischsprachigen Führung können Besucher das Museum auch mit einem eher für Erwachsene gedachten Hörspiel namens »Hops – Die Hopfenzeitmaschine« erleben. Die Münchner Regisseurin Sylvia Schirmer hat es für das Museum geschrieben und mit professionellen (in den Hauptrollen) und Laien-Sprechern des Mainburger LSK-Theaters (in den Nebenrollen) realisiert. Die eigens komponierte Musik stammt aus der Mit-Feder des ehemaligen Haindling-Musikers Heinz-Josef-Braun, der bekannte Hallertauer Volkssänger Fritz Winter steuerte eigens für das Hörspiel verfasste Gstanzl bei.

Weitere Projekte sind in Planung. Ihre Realisierung hängt inzwischen weniger am finanziellen Haken, den Selbstgestaltungsmöglichkeiten von MoVIS sei Dank. Allerdings birgt dieser Vorteil auch zugleich das Problem: Kann die Museumsleitung keine Zeit für ein neues Projekt erübrigen, bleibt es liegen und kann auch nicht außer Haus vergeben werden.

Jugendliche erzählen Geschichte

Ein Audioguide für das Dokumentationszentrum Reichsparteitagsgelände

Max Ackermann

Allgemeine Informationen

- Museum: Dokumentationszentrum Reichsparteitagsgelände Nürnberg
- Beteiligte Schüler: 107 Schüler der Jahrgangsstufen 8–12, aus zehn Schulen aller Schularten Nürnbergs und Umgebung, in Teams von fünf bis 18 Teilnehmern
- Betreuung: Hans-Christian Täubrich, Leitung, und Dr. Astrid Betz, Museumspädagogin (Dokumentationszentrum Reichsparteitagsgelände), Dr. Max Ackermann (Mediencoach des Bayerischen Rundfunks und Projektleitung), weitere Unterstützung von vier Fachhistorikern und fünf Mediencoaches des Bayerischen Rundfunks
- Produktion: Juli 2009 bis Juli 2010
- Produziert im Studio Nürnberg des Bayerischen Rundfunks
- Mobile Endgeräte

Grundsätzliche Fragen

Seit der Eröffnung des Dokumentationszentrums Reichsparteitagsgelände in Nürnberg war es ein Anliegen, auch jugendliche Besucher des Museums (immerhin bis zu 70.000 im Jahr) anzusprechen und ihnen diesen Ort der Täter begreifbar zu machen. Ein vorhandener Audioguide wurde jedoch eher genutzt, um die vielen internationalen Besucher zu unterstützen. So enthielt er Material in sieben Sprachen, aber eine deutsche Tonspur bestand einzig aus vorgelesenen Tafeltexten. Das Projekt »Jugendliche erzählen Geschichte – gemeinsam einen Audioguide für das Dokuzentrum entwickeln« hatte einen akustischen Museumsführer zum Ziel, gestaltet von Jugendlichen für Jugendliche, wenn auch unterstützt von Profis.

Produktionsprozess und Endprodukt

- Beginn: Das Projekt begann mit der Vorbereitung einer Auftakt-Pressekonferenz und einer Ausschreibung an alle Schulen der Metropolregion Nürnberg. Eine Bewerbung war möglich von Mitte Juli bis zum 20. August 2009; zugelassen wurden 10 Schulen. Mit Start des Schuljahres 2009/2010 begann man mit Informationen, Einzelkontakten und einer Lehrerfortbildung im Oktober. Ab dann vermittelten Mediencoaches – meist in Ganztages-Workshops – das nötige Know-how.

- Verlauf: In einem Rahmen (von sieben Themenbereichen und 19 Ausstellungsräumen) konnten die Schulgruppen sich ihre Themen selbst auswählen. Erste Ideen wurden mit Mediencoaches und Historikern besprochen. Die Mitarbeiter des Dokumentationszentrums halfen bei der Recherche, mit Kontakten und Führungen. Abschließend wurden die Manuskripte noch einmal von Historikern und Coaches gegengelesen. Die Produktionstermine im Studio lagen zwischen Anfang Mai und Ende Juni 2010. Abgegeben wurden alle Beiträge am 21. Juni 2010. Die Jury tagte am 14. Juli 2010.

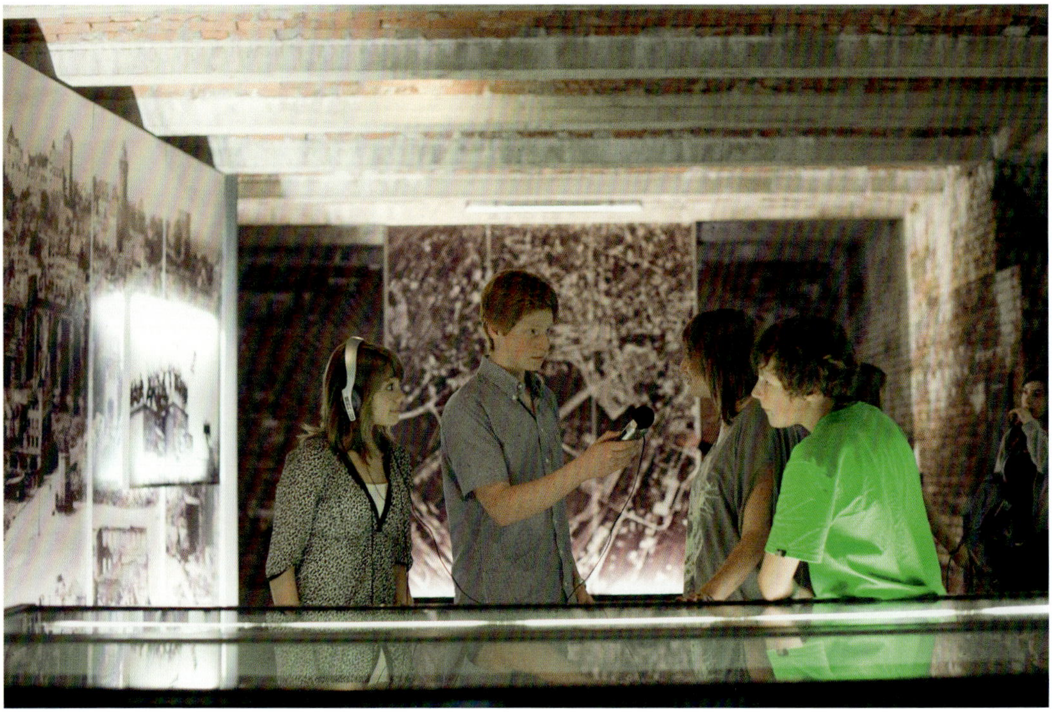

Die Schüler interviewen Altersgenossen im Dokumentationszentrum Reichsparteitagsgelände für ihre Hörstücke.

- Projektschluss: Am 22. Juli endete das Projekt mit einer großen Preisverleihung (in drei Kategorien, je nach der Anzahl der in den offiziellen Audioguide übernommenen Beiträge, und mit drei Sonderpreisen für »Hörspiel«, »Umgang mit Zeitzeugen« und »besondere Kreativität«).

Entstanden sind insgesamt 50 Beiträge in der Gesamtlänge von 2,5 Stunden – jeweils zwischen 1:30 und max. 4:00 Min lang (alle sind, in Stereofassung, auf der Website http://schule-radio.de zu hören). Allerdings konnten davon nur 20 in den offiziellen Audioguide übernommen werden.

Medienästhetisch wurde viel ausgelotet, von radiojournalistischen Elementen, wie Umfrage und Reportage, bis hin zu künstlerischen, wie Hörspiel, Collage und Lyrik. Und nicht nur aus urheber- und leistungsschutzrechtlichen Gründen ist es positiv zu vermerken, dass viele Gruppen eigene Musik und Sounds beisteuerten, ob ganz klassisch z.B. mit Cello und Klavier, über eigene Bands bis hin zum gezielten Einsatz von Samples.

Im Dokumentationszentrum Reichsparteitagsgelände sind Audioguides obligatorisch, auch weil über sie der Ton von Filmen zu hören ist. Die Ausleihe kostet nichts, sondern ist im Eintrittspreis enthalten. Eine gesonderte Evaluation zur Nutzung und Wirkung des neuen Jugendaudioguides liegt noch nicht vor.

Nutzen für die Projektbeteiligten und das Dokumentationszentrum

Die Projektdauer von einem Jahr war völlig angemessen. Mehr als die angebotenen fünf Mediencoach-Tage pro Schule wären sicher ein Gewinn, andererseits aber wohl nicht einfach in den Alltag einer Schule zu integrieren. Denn wirklich effizient sind vor allem ganze Projekttage. Pro Schule stand jeweils ein Tag in einem professionellen Studio des BR zur Verfügung, währenddessen – je nach Vorbereitung – zwischen drei und fünf Beiträgen fertig gestellt wurden. Das war knapp, aber machbar. Manche Schulen nutzten auch die Gelegenheit, einiges selbst und mit eigenem Equipment zu produzieren.

Positiv hervorzuheben sind Engagement, Kreativität und Flexibilität aller Beteiligten. Und das reicht von der Geduld der Zeitzeugen sowie der Museumsmitarbeiter, die mit immer neuen Wünschen konfrontiert wurden, über die Techniker des BR, die nun Schüler und keine Profis vor den Mikrofonen hatten, bis hin zu den Coaches und Lehrern und vor allem zu jedem einzelnen Schüler, der sich eingebracht hat.

Natürlich gab es auch Probleme: So hatte sich die Projektleitung für ein dezentrales System entschieden und den einzelnen Gruppen viel Freiraum gelassen. Alle Schülergruppen, Lehrer und Mediencoaches arbeiteten in kleinen, weitgehend autarken Teams und setzten sich selbst ihre Termine. Das schien uns besonders hinsichtlich der heterogenen Gruppen sinnvoll, hat aber nicht bei allen gleich gut funktioniert.

Die Mitarbeiter des Museums signalisierten, den ebenso direkten wie intensiven Umgang mit der jugendlichen Zielgruppe und ihrer Kreativität besonders interessant gefunden zu haben und betonten die »Dynamik« des Prozesses. Lehrer beobachteten »wie gut Projektarbeit auf die Motivation der Schüler wirkt«. Einige Kollegen schätzten die »anregende Verbindung zwischen Geschichte und Medienpädagogik«. Schüler sahen sich durch das Projekt in ihrem Interesse am Journalismus oder an Geschichte bestärkt. Einige kamen erstmals intensiver in Berührung mit Geschichte und erlebten sie als »gar nicht trocken«. Viele fanden die Gespräche mit Zeitzeugen sehr bewegend, einige sogar »lebensverändernd«. Beinahe alle erkannten in der Arbeit eine »sinnvolle Berufsvorbereitung«, gewannen Einblicke in Projektmanagement und Präsentationstechniken. Und: Hören machen heißt hören lernen.

Was man als Lehre aus dem Erlebten ziehen könnte? Hilfreich sind sicher mehr gemeinsame Termine und ein wenig mehr an verpflichtenden Vorgaben (ein Halbzeittreffen etwa, eine ebenso verbindliche wie frühzeitige Abgabe aller Manuskripte zur ausführlichen Diskussion mit den Historikern und anderen Fachleuten), aber auch

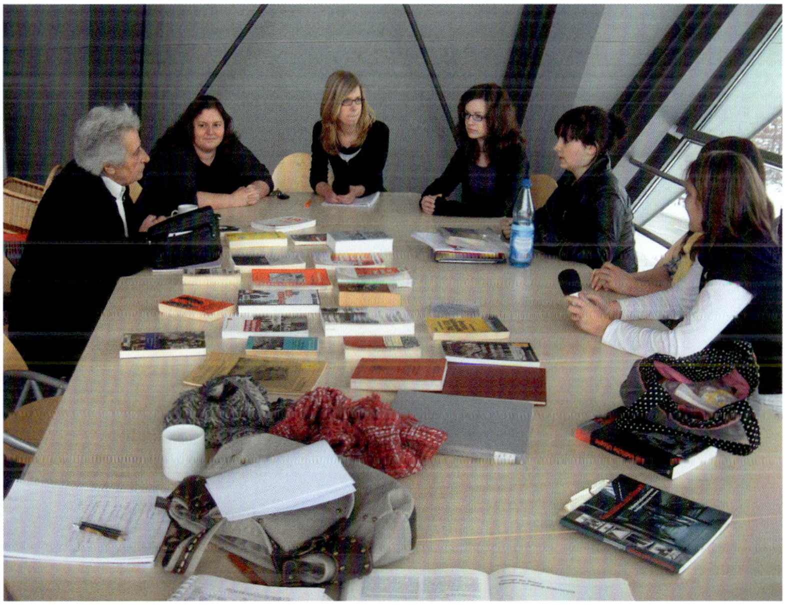

Im Studienzentrum wird Literatur gesichtet und mit Medienpädagogen die mögliche akustische Umsetzungen diskutiert.

eine »Institutionalisierung des Dialogs« mit den Museumsmitarbeitern, denn nicht alle machten von Angeboten gleichermaßen selbstständig Gebrauch.

Und als Anregung und zu weiteren Projekten: Reibungsverluste können minimiert werden, wenn sich alle Beteiligten über den Unterschied zwischen eher prozess- und produktorientierten Projekten im Klaren sind. Am Ende eines Audioguide-Projektes soll meist ein echtes Produkt stehen, wenn aber manches kritisiert, verändert oder gar abgelehnt werden muss, hat das ganz klar relevante Auswirkungen im Hinblick auf das Selbstbewusstsein und die Kreativität der Jugendlichen. Ich denke, hier hilft Kommunikation und Respekt, um Verletzungen zu vermeiden. Auch deshalb und um das Geleistete zu dokumentieren, haben wir – ungeachtet ihrer tatsächlichen Verwendung im offiziellen Audioguide – alle Beiträge auf einer Website publiziert. (http://www.schule-radio.de/index.php/ssg/jugendliche-erzaehlen-geschichte/ein-unerhoertes-projekt--aber-jetzt-zu-hoeren) Gerade auch in diesem Zusammenhang ist festzustellen, dass es noch viele Stätten gibt, die an das Grauen des Nationalsozialismus erinnern, denen aber ein guter Zugang für Jugendliche fehlt. Und da kann es keineswegs genügen, Fahrten zu organisieren und eine Art Pflichtprogramm anzubieten. Ein Audioguide von Jugendlichen für Jugendliche ist sicher eine gute Möglichkeit, Interesse zu wecken und auch schwierigen Themen angemessen zu begegnen und zwar in seiner Produktion wie seiner Rezeption.

Bizarre Begegnung: Das sprechende Bild

Drei verschiedene Audioguides für eine Ausstellung

Gisela Geiger

Allgemeine Informationen

- Stadtmuseum Penzberg, Ausstellung: »Bizarre Begegnung. Bilder schauen Dich an«, Porträts der Sammlung Brabant, 11.7.–8.11.2009
- Audioguide für Erwachsene, produziert vom Stadtmuseum Penzberg, Unterstützung durch BR-Redakteur Bernhard Jugel
- Audioguide für Jugendliche, produziert von einer 11. Klasse des Gymnasiums Penzberg, mit Unterstützung durch die Stiftung Zuhören
- Audioguide für Kinder, eigenverantwortlich produziert von einer 6. Klasse des Carl-Spitzweg Gymnasiums Germering
- Weitere Unterstützung erhielt das Projekt vom Literaturhaus München
- Katalog mit CD, erschienen im Elisabeth Sandmann Verlag München

Voraussetzungen und Ideen

Für die Ausstellung »Bizarre Begegnung. Bilder schauen Dich an.« im Stadtmuseum Penzberg wurden aus einer bedeutenden Privatsammlung 60 Porträts von Künstlern des Deutschen Expressionismus bis in die Gegenwart ausgewählt. Darunter finden sich etliche große Namen – von Jawlensky, Kirchner, Nolde bis zu Antes, Grützke und Tübke. Ein Schwerpunkt der Sammlung liegt bei der sogenannten »vergessenen Generation« der Expressionisten – etwa Grammatté, Kaus, Lohse-Wächtler, Scharl.

Die Wahrnehmung der menschlichen Gestalt und besonders die des Gesichtes ist für jeden einer der prägnantesten Ausschnitte der Wirklichkeit. Die Wahrnehmungsfähigkeit für andere Menschen ist evolutionär tief in uns verankert. Das Porträt ist in diesem Sinne eine ausgezeichnete Kunstform, eine Schnittstelle zwischen Ästhetik und Kommunikation. Zumal das expressionistische Porträt nicht nur auf die physiognomische Ähnlichkeit zielt, sondern einen Gefühlszustand zum Ausdruck bringt.

»Bizarre Begegnung«, das heißt in einer Metapher gesprochen: Das Porträt schlägt die Augen auf und sieht den Betrachter an. Und dieser antwortet auf das Bild wie auf ein Gegenüber, mit individuellen Überlegungen, assoziativen Eingebungen. So verfassten Schriftsteller, Künstler und Kunsthistoriker (u.a. Quint Buchholz, Asta Scheib, Friedrich Ani, Ulrike Draesner, Martin Mosebach, Albert Ostermaier, Clelia Segieth, Cathrin Klingsöhr-Leroy) zu den einzelnen Gemälden persönliche Texte, Bilder, Musik. Das Ziel der Ausstellung war es, eine persönliche Resonanz des Ausstellungsbesuchers zu evozieren. Die sehr individuellen Beiträge der o.g. Personen, veröffentlicht im Katalog und im Audioguide, sollten die Besucher eher wie ein Freund beim Ausstellungsrundgang begleiten denn als belehrender Führer. Die Verbindung von Bildbetrachtung und dem Anhören eines freien, literarischen Textes ermöglichte vielen Besuchern ein tiefes »Eintauchen« in die Ausstellung.

Aus diesem Grund wurde auch versucht, die Besuchergruppen unterschiedlichen Alters auf je einem eigenen Weg zu erreichen. So entstanden

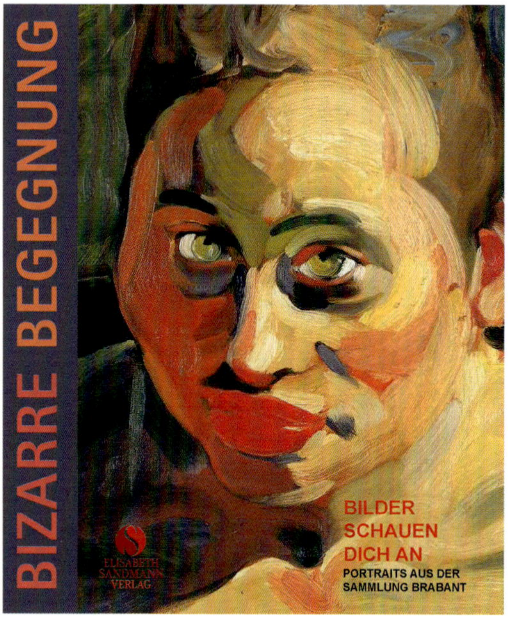

Zum Ausstellungskatalog wurde eine CD mit 34 Audioguide-Beiträgen von Jugendlichen beigefügt.

drei sehr unterschiedliche Audioguides. Dabei ging es nicht in erster Linie um Wissensvermittlung, sondern um die Anregung eines innerlich beteiligten Sehens.

Audioguide für Erwachsene

Die Anregung, das bereits in Planung befindliche Ausstellungsprojekt um einen Audioguide zu bereichern und zugleich den geplanten Katalog auch mit einer CD auszustatten, geht auf den durch die Landesstelle für die nichtstaatlichen Museen organisierten Besuch einer Fortbildung beim Bayerischen Rundfunk zurück (Oktober 2008). Die Stiftung Zuhören stellte den Kontakt zu einem Redakteur her. Bernhard Jugel ist sowohl im Kulturbereich als auch im Kinderprogramm tätig und brachte mit seiner langjährigen Erfahrung im Rundfunk das für uns nötige Know-how mit.

Nicht jeder der 68 Originaltexte des Kataloges (plus neun Bild- und zwei Musikbeiträge) konnte umgesetzt werden. Die 34 Beiträge des Audioguides wurden in einem kleinen, professionellen Studio in München aufgenommen (Anfang Juni 2009). Die meisten Autoren sprachen ihre Texte selber ein, für einige Beiträge wurden professionelle Sprecher engagiert. Die Länge der Beiträge variiert: die Rezitation eines Gedichtes mit gut einer Minute unterscheidet sich von einem feuilletonistischen Beitrag mit Musikbegleitung, der beinahe sechs Minuten dauert.

Für die CD im Katalog wurden 20 Beiträge aus dieser Produktion ausgewählt und ergänzt durch ein zusätzlich aufgenommenes Interview mit dem Sammler Frank Brabant.

Audioguide für Jugendliche

Im Gespräch mit einer Schülerin, die Aufsicht im Stadtmuseum übernimmt und auch Jugendführungen macht, entwickelte sich die Idee eines speziellen Jugend-Audioguides. Ihre Mitschüler und die Klassenleiterin wurden für das Projekt gewonnen und im Deutschunterricht des Gymnasiums entstanden Textbeiträge zu verschiedenen Bildern. Glücklicherweise konnte Bernhard Jugel wiederum die redaktionelle Leitung übernehmen und die Stiftung Zuhören stellte ein Aufnahmestudio zur Verfügung. Zum Ende des Schuljahres (Ende Juli) war der zweite Audioguide mit fünf sehr schönen Mini-Hörspielen von zweieinhalb bis dreieinhalb Minuten Dauer fertig!

Audioguide für Kinder

Zur gleichen Zeit erhielt das Museum noch einen dritten Audioguide, der von einer 6. Klasse für Kinder produziert worden war. Diese Klasse hatte nach einem Ausstellungsbesuch und einem Aktionstag in der Schule selbstständig mit der Produktion von Hörbeiträgen zu sieben Bildern begonnen. Die Lehrerin hatte bereits früher bei der Arbeit am Audioguide des Franz Marc Museums Erfahrungen gesammelt. Die technische Umsetzung übernahm ein junger Helfer.

Im Unterschied zum Jugend-Audioguide, der aus kurzen Hörspielen besteht, wird hier der Hörer in Gespräche (von ein bis viereinhalb Minuten) zwischen den Kindern über ihre persönlichen Beobachtungen und über recherchiertes Wissen zu den Bildern einbezogen.

Nutzung der Audioguides

Die drei Audioguides wurden den Ausstellungsbesuchern über einfache mp3-Player mit kleinen Headsets zur Verfügung gestellt. Hierfür wurde keine zusätzliche Gebühr erhoben, allerdings musste eine »Kaution« von drei Euro hinterlegt werden. Für Kinder und Jugendliche war die Bedienung der MP3-Player kein Problem, ältere Besucher wurden vom Personal geduldig eingewiesen.

Die Geräte stehen in unserem kleinen Haus nach Ende dieser Sonderausstellung auch für andere Ausstellungen zur Verfügung, wobei wir natürlich nicht zu jeder Ausstellung einen solchen Aufwand betreiben können. Zur Dauerausstellung über die »Penzberger Mordnacht« allerdings ist ein ausführlicher Audiobeitrag aus einer Sendung des Deutschlandfunks hervorgegangen, zum heimatgeschichtlichen Teil wird er vorbereitet. Im Frühjahr 2011 ist zusammen mit einem Katalog für Kinder über Heinrich Campendonk ein neuer Audioguide entstanden. Wieder war Bernhard Jugel daran beteiligt, die Zusammenarbeit hat sich bewährt.

Drei Viertel der erwachsenen Ausstellungsbesucher hat das Angebot eines Audioguides in der Ausstellung »Bizarre Begegnung« angenommen. Einige haben ihn wieder zurückgegeben, weil außer der Einführung keine Informationen geboten wurden oder weil ihnen Bild plus literarischer Text zu viel wurde. Viele hingegen haben den Audioguide ausführlich genutzt und ihn als außergewöhnliche Bereicherung empfunden. In keiner anderen Ausstellung hatten wir eine so lange durchschnittliche Verweildauer der Besucher. Der Katalog wurde gerade auch mit der ergänzenden CD gut verkauft.

Diese Sonderausstellung durchlief weitere Stationen in anderen Museen. Auch hier ist der Audioguide wieder zum Einsatz gekommen.

Schwieriger gestaltete sich der Einsatz der beiden anderen Versionen des Audioguides, wobei sich hier hauptsächlich organisatorische Probleme ergaben. Für Schulklassen lehnten die Lehrer ihren Einsatz meist ab; vielleicht haben wir uns mit dem museumspädagogischen Programm sogar selbst Konkurrenz gemacht.

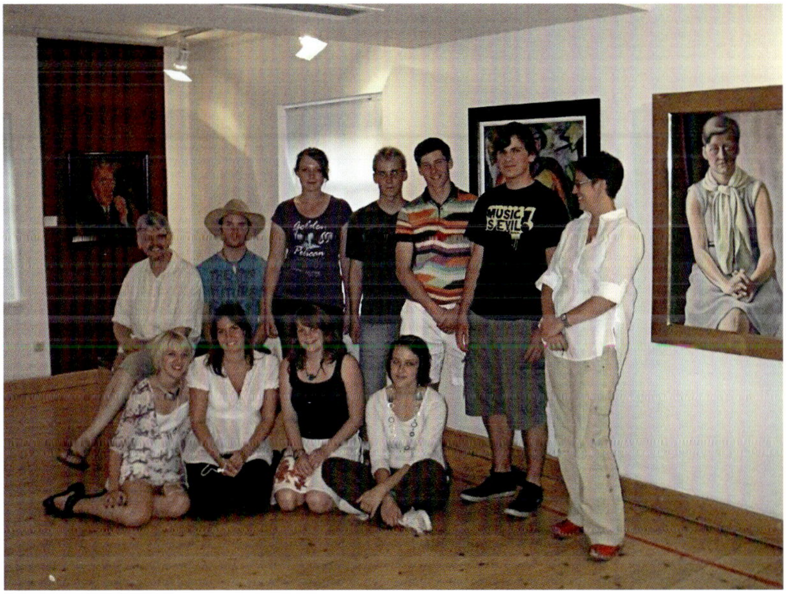

Sich auf eine »Bizarre Begegnung« mit den Porträts einzulassen heißt, auf den Blick der Bilder selbst zu antworten. In den drei Audioguides zur Ausstellung werden solche individuellen Antworten vernehmbar.

Bei Besucherfamilien wählten die Eltern für ihre Kinder oftmals lieber das Angebot von Papier und Malkreiden als den Audioguide. Und der Anteil von jugendlichen Besuchern im Museum, die nicht über die Schule kommen, ist nicht sehr bedeutend. Das heißt, unser sehr gelungener Jugend-Audioguide ist eigentlich nicht entdeckt worden.

Fazit

Die Sonderausstellung »Bizarre Begegnung« war in dem Zusammenwirken der qualitätsvollen expressiven Bilder, der sehr individuellen Text-, Bild- und Musikbeiträge ein wirklich außergewöhnliches Projekt. Mit Begeisterung haben viele daran mitgewirkt. Durch die Begleitung mit Audioguides hat sich vielen Besuchern ein intensives Seherlebnis eröffnet, eine Begegnung wirklich der besonderen Art.

Durch den Rückhalt bei der Stiftung Zuhören und die gute Zusammenarbeit mit dem Redakteur des Bayerischen Rundfunks war eine sehr kurze Produktionszeit möglich. Dabei war es hilfreich, dass keine eigenen Texte für den (Haupt-) Audioguide verfasst werden mussten, sondern die Katalogbeiträge bereits dafür geeignet waren.

Bei aller Begeisterung des Museumsteams für das Projekt möchte ich doch festhalten, dass es letztlich die professionelle Redaktion war, die über die Qualität des Produktes Audioguide entschieden hat. Weder kunsthistorisches Wissen noch museumspädagogische Erfahrung reichen für die komplexe Kommunikations- und Klangerfahrung eines guten Hörbeitrags aus. Die Arbeit der Schülergruppe für den Jugend-Audioguide hat ein erstaunliches Potenzial bei den Schülern freigesetzt und ihnen eine sehr intensive Auseinandersetzung mit den Bildern und das subtile Feilen an Texten abverlangt. Der Schritt ins Aufnahmestudio war natürlich ohnehin schon spannend und eine Belohnung für das gezeigte Engagement. Welch ein Qualitätssprung sich mit der professionell begleiteten Umsetzung dann aber tatsächlich erreichen ließ, hat die Schüler zu einem freudigen Erstaunen über sich selbst geführt.

Münchner Baugeschichten

Ein Architekturführer durch die bayerische Landeshauptstadt

Katharina Funk

Allgemeine Informationen

- Audioguides über bedeutende Gebäude in München
- Beteiligte Schule: Städtische Fachschule für Bautechnik München, Meisterschule für das Bauhandwerk (Schuljahr 2007/2008: 11 Hörstücke von 33 Schülern, Schuljahr 2008/2009: 7 Hörstücke von 21 Schülern, Schuljahr 2009/2010: 6 Hörstücke von 18 Schülern)
- Betreuung: Katharina Funk, Dr. Franz Ritter und Nikolaus Fuchs (Städtische Fachschule für Bautechnik), Elke Dillmann und Ulrich Trebbin (Mediencoaches der Stiftung Zuhören)
- Produktionsdauer: jeweils ca. 4 Monate
- Produziert in den Studios des Bayerischen Rundfunks München
- Veröffentlicht im Internet unter www.fs-bau-muenchen.de

Die »Münchner Baugeschichten« sind Audioguides über bekannte und weniger bekannte Münchner Gebäude, in denen die wichtigsten Informationen über das jeweilige Gebäude auf unterhaltsame Art verpackt sind. Sie sind als MP3-Datei im Internet veröffentlicht, man kann sie herunterladen und als akustischen Stadtführer verwenden.

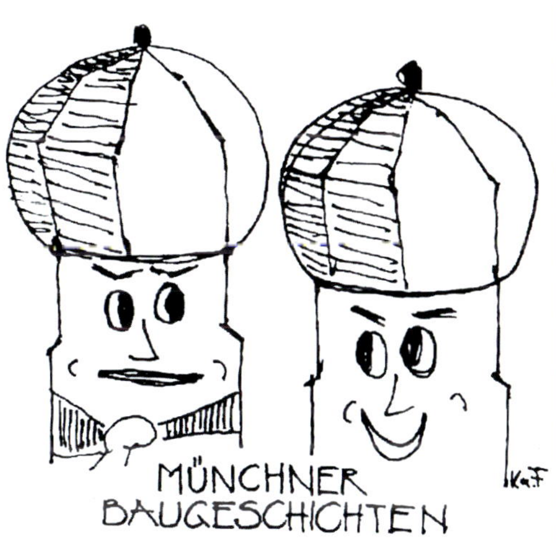

Das »Logo« der Münchner Baugeschichten: die sprechenden Türme der Frauenkirche.

Über die »Münchner Baugeschichten«

Die »Münchner Baugeschichten« sind für alle interessant, die mehr über München und seine Gebäude wissen möchten. Das kann die Grundschulklasse sein, die sich mit der Frauenkirche und dem Teufelstritt beschäftigt, eine Berufsschulklasse, die im Fach Baugeschichte einen Stadtrundgang macht, oder einfach Touristen, die durch die Stadt geführt werden wollen. Aber auch für Münchner, die ihre Stadt besser kennen lernen möchten, gibt es mit den »Baugeschichten« noch viel zu entdecken, denn die Hörstücke beschäftigen sich nicht nur mit den bekannten Münchner Gebäuden, sondern auch einige unbekannte »architektonische Schmuckstücke« sind dabei.

In den professionellen Aufnahmestudios des Bayerischen Rundfunks sind seit 2007 Hörstücke über 30 Gebäude in München entstanden. Der Bogen spannt sich von der barocken Asamkirche bis zur modernen BMW Welt. Mit vielen guten Ideen und Begeisterung wurden die Stücke umgesetzt. So steigen die Brüder Asam von ihrer Wolke herab, um nach »ihrem Asamkircherl« zu schauen, und ganz nebenbei erfährt der Zuhörer viel über den Baustil des Barock. In einem anderen Stück treten Lola Montez und Henriette Adelaide in der Schönheitengalerie des Schlosses Nymphenburg aus ihren Bildern heraus und machen eine Zeitreise durch das Schloss. Im Englischen Garten wird man akustisch auf eine Kutschfahrt mitgenommen. Man kann die Standlbesitzer in der Großmarkthalle belauschen oder einem italienischen Touristen vor der Feldherrnhalle zuhören. In dem Hörstück über die Post am Goetheplatz erfährt man einiges über die »Bayerische Moderne« der Dreißiger Jahre. In einem musikalischen Stück werden amüsante und kuriose Geschichten über das Nationaltheater erzählt.

Projektverlauf

Nachdem die Finanzierung des Projektes durch das Schulreferat gesichert ist, kann es losgehen! Ideen des Projektmanagements sollten miteinbezogen werden (z.B. Meilensteinpläne mit genauen Terminen). Die ausgewählten Gebäude reichen von der barocken Theatinerkirche bis zur modernen Architektur der Sammlung Brandhorst. Die Schüler finden sich zu Dreier-Gruppen zusammen und entscheiden sich für ein Gebäude. Dann werden erste Recherchen angestellt.

Zitat eines Schülers: »Einen Audio Guide zu produzieren, im Fach Baugeschichte, da wussten wir am Anfang überhaupt nicht, was auf uns zukommt. Aber wir meldeten uns für das Projekt, weil es für uns interessant klang, mal in einen ganz neuen Bereich hineinschnuppern zu können. Radio hat uns immer schon interessiert! Und Projektarbeit macht mehr Spaß als ›ganz normaler Unterricht‹.«

- Erster Projekttag im BR
  Der erste Höhepunkt des Projektes: Wir sind zum Projekttag in den kleinen Sitzungssaal des BR im Funkhaus eingeladen. Die Programm-

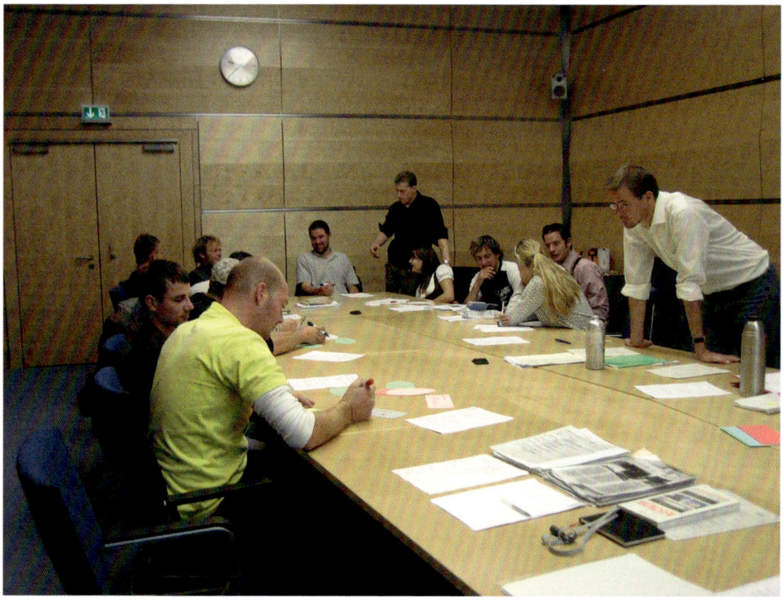

Erste Ideenfindung für Geschichten zu Münchner Gebäuden.

punkte sind: Geräuschgeschichten aufnehmen (»Kino im Kopf«), Einführung Interview, Einführung Reportage, »Was ist ein guter O-Ton?« und Einführung Aufnahmeübung. Noch vor der Mittagspause sollen die Schüler in Dreier-Gruppen Reportagen aufnehmen. Sie haben die Möglichkeit, live dabei zu sein (z.B. bei der Sendung B5 Aktuell, einer Rundfunkorchesterprobe, dem Münchner Mittagsmagazin oder im Schallarchiv). Gemeinsam hören wir die Aufnahmen an, die für die ersten Versuche erstaunlich gut gelungen sind.

- Zweiter Projekttag
  Am zweiten Projekttag stellen die sechs Gruppen jeweils in professionellen Powerpoint-Präsentationen ihr Gebäude vor. Die wichtigsten Informationen über bautechnische Daten der Gebäude und die baugeschichtlichen Zusammenhänge sind erarbeitet und werden vorgetragen.

- Abgabe Exposé
  Die Gruppen arbeiten selbständig, recherchieren im Internet und in Bibliotheken. Sie suchen nach Interviewpartnern und Informationen. Die Gebäude werden besichtigt und analysiert. Sie setzen sich mit den entsprechenden Stilepochen auseinander. An der »Dramaturgie« für das Hörstück wird weiter gearbeitet.

- Abgabe Manuskriptentwurf und Manuskript
  Der Kontakt zu den Gruppen besteht durch das Internet per E-Mail. Außerdem hat jede Gruppe die Möglichkeit, ihr Stück bei drei Terminen mit den Mediencoaches und mir zu besprechen. Diese Besprechungen sind sehr wichtig, da manche Gruppen frustrierende Erfahrungen z.B. bei der Terminvereinbarung mit Interviewpartnern machen. Oder es stellt sich heraus, dass das Stück, so wie es geplant war, nicht funktioniert. Da gilt es umzuplanen und zu motivieren!

- Zeitschiene
  Alle bearbeiteten Gebäude werden im Flur der Fachschule an einer zehn Meter langen Wand

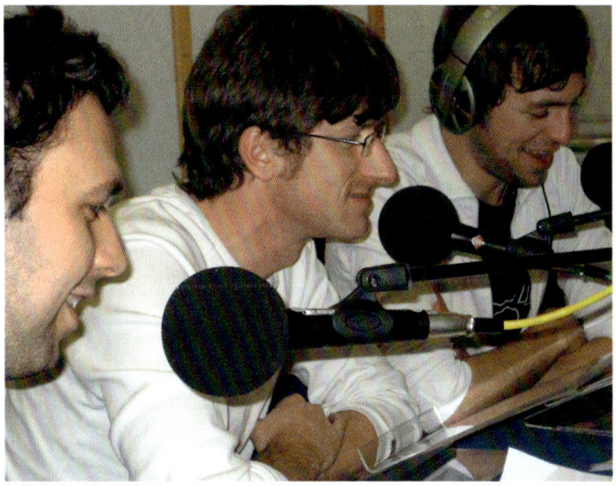

Für die Aufnahmen im Rundfunkstudio werden pro Hörstück zwei bis drei Stunden veranschlagt.

präsentiert. Auf dieser Zeitschiene der letzen 1.000 Jahre sind die baugeschichtlichen Epochen von der Romanik bis in die Gegenwart dargestellt. Darin eingereiht sind Beschreibungen, Fotos und Grundrisse der sechs bearbeiteten Münchner Gebäude.

- Produktion
  In den professionellen Studios des BR produzieren die Schüler ihre Hörstücke. Pro Stück sind zwei bis drei Stunden veranschlagt.
  Die Technik ist beeindruckend! Sprechertexte werden aufgenommen, Interviews, O-Töne und Musik je nach Manuskript zu einer Geschichte »zusammengebastelt«. Die fertigen Stücke sind zwischen fünf und zehn Minuten lang.

- Flyer Stadtrundgang
  Da es nun bereits 30 Hörstücke der Münchner Baugeschichten gibt, wird ein Flyer mit einem Vorschlag für einen akustischen Stadtrundgang gestaltet. Schüler, Touristen und Architekturliebhaber können auf diesem Weg die Audioguides hören und gleichzeitig die Gebäude besichtigen.

- Evaluation und Abschlussfest
  Die Schüler bewerten am Computer anonym das Projekt und den Projektablauf. Bevor wir

den Abschluss des Projektes mit einem kleinen Umtrunk in der Bibliothek feiern, sitzen alle, die am Projekt beteiligt waren, zusammen und besprechen, was gut und was weniger gut gelaufen ist. Die Evaluation der Schüler ergibt insgesamt ein positives Ergebnis. Die These: »Ich bin auf mein/unser Projektergebnis stolz.« wird zu 100% mit ja beantwortet. Es gibt aber auch Kritik, besonders was den zeitlichen Aufwand für die Schüler betrifft.

Publikation im Internet

Auf der Homepage der Städtischen Fachschule für Bautechnik (www.fs-bau-muenchen.de) werden die 30 Stücke im Internet veröffentlicht und können von jedermann heruntergeladen und angehört werden. Auch auf den Internet Seiten des Bayerischen Rundfunks und des Pädagogischen Instituts sind die Hörstücke abzurufen. Außerdem werden CDs mit den Hörstücken angefertigt.

Fazit

Die Schülerinnen und Schüler eigneten sich während des Projektes viele verschiedene wertvolle Kompetenzen an: Sie lernten, gezielt Fragen zu stellen und aktiv zuzuhören. Sie recherchierten auf vielfältige Weise, sie fanden Fachleute für »ihr« Thema und führten Interviews. Sie entwickelten Sprachkompetenz und akustische Kreativität, formulierten griffige Texte und übten die Ausdrucksfähigkeit ihrer Stimme.

Es war für alle Schülerinnen und Schüler der Fachschule für Bautechnik eine spannende Erfahrung, sich mit einem völlig anderen Metier, dem des »Radiomachens«, zu beschäftigen.

Mainlimes Mobil

Ein mobiles archäologisches Informationssystem für ein Welterbe

Erik Dobat, Sandra Walkshofer, Christof Flügel

Allgemeine Informationen

- Bereitstellung von hochwertigen Informationen zum Welterbe Limes auf Smartphones
- Institutionen: Landesstelle für die nichtstaatlichen Museen in Bayern, Bayerisches Landesamt für Denkmalpflege
- Inhaltliche Betreuung: Dr. Christof Flügel, Erik Dobat, M.Phil, Sandra Walkshofer, M.A., Dr. Jürgen Obmann
- Zeitraum: 2009–2011
- Produziert: Boundary Productions, Boundary Media KG, CHC Salzburg, iAgentur, Horgen/Schweiz
- Endgeräte: iPhone, iPodTouch, iPad
- Finanzierung: Das Projekt wurde durch die Bayerische Sparkassenstiftung gefördert.

Die technologische Entwicklung der Hardware bei Mobiltelefonen in den letzten Jahren ermöglicht es, hochwertige Inhalte akustisch, visuell und multimedial vor Ort darzustellen. Bewegte Bilder (Kurzfilme, 3D Animationen, Interviews), aber auch Fotos und Texte können in ansprechender Qualität mobil präsentiert werden. Die Inhalte können dabei durch Georeferenizerung auch über GPS Navigation angesprochen werden.

Die Idee

Bereits im Jahr 2005 hat Boundary Productions mit (Video-)Inhalten auf Mobiltelefonen experimentiert. Allerdings waren die Qualität und Größe der Displays noch sehr gering. In den letzten Jahren änderte sich dies mit der Entwicklung der sogenannten Smartphones. Diese Mobiltelefone besitzen ein großes hochwertiges Display. Die Bedienung erfolgt meist über einen Touchscreen.

Im Jahr 2009 wurde in Zusammenarbeit mit der Landesstelle für nichtstaatliche Museen und der Bayerischen Sparkassenstiftung ein Konzept entwickelt, welches vorsah, hochwertige archäologische Inhalte über das Welterbe »Obergermanisch-Raetischer Limes« dem Nutzer direkt vor Ort zur Verfügung zu stellen. Insbesondere die Archäologie kann bei der Verwendung neuartiger, moderner Informationssysteme eine Vorreiterrolle spielen. Die archäologischen Bodendenkmäler liegen in der Landschaft, während die dazugehörigen Funde im Museum zu besichtigen sind. Für beide Bereiche wurde ein multimediales Informationssystem entwickelt, das filmische Inhalte, Bilder, Tonspuren und Texte direkt vor Ort bereitstellt. Insgesamt wurden 48 Hotspots in der Landschaft am Mainlimes festgelegt, die die Geschichte der römischen Grenzanlage in dieser Region vermitteln.

Die Entwicklung eines Prototyps

Ende 2009 konnte durch die Unterstützung der Bayerischen Sparkassenstiftung mit der Entwicklung eines Prototyps begonnen werden. Aufgrund der zahlreichen Vorarbeiten durch das Internet-Projekt »Museen am Mainlimes« (www.museen-mainlimes.de) wurde für die Weiterentwicklung des geplanten mobilen archäologischen Informati-

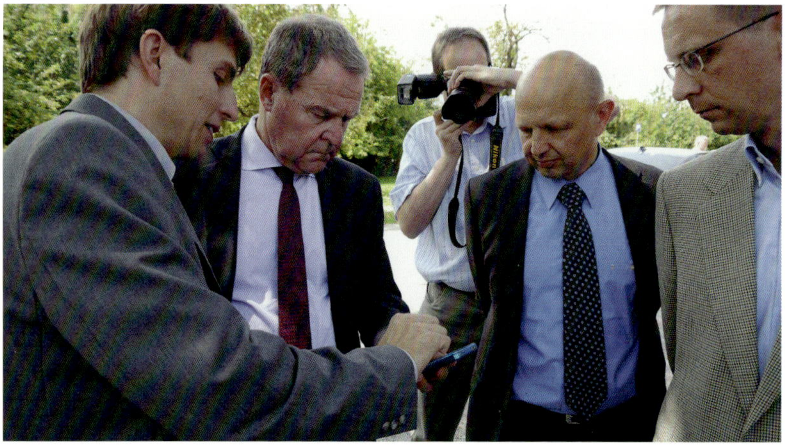

Die beiden Autoren erläutern Staatsminister Dr. Wolfgang Heubisch und dem Geschäftsführenden Vorstand der Bayerischen Sparkassenstiftung Dr. Ingo Krüger die Applikation Mainlimes.

onssystems ebenfalls dieser Themenkomplex ausgewählt.

Mit seinen ca. 50 km Länge ist der Mainlimes ein überschaubarer Abschnitt des Limes. Zwischen Miltenberg in Bayern und Großkrotzenburg in Hessen verläuft der Fluss von Süden nach Norden. In römischer Zeit bildete dieser Flussabschnitt die antike Grenze. Die Flussgrenze wurde von neun Kastellen überwacht. Bisher sind nur zwei Wachttürme an diesem Grenzabschnitt bekannt.

Die Kastelle sind in der Regel von Städten und Siedlungen überbaut. Nur das Kastell Wörth und das Altstadtkastell in Miltenberg bilden hier Ausnahmen. Trotzdem kann man in den einzelnen Orten meist noch die antike Bebauung im Grundriss nachvollziehen. Die heutigen Straßen gehen oft noch auf die Lagerstraßen der Kastelle zurück.

Neben den archäologischen Monumenten befinden sich in der Region fünf Museen mit römischen Abteilungen. Diese bieten entlang des Mainlimes immer wieder den Zugang zu den originalen Fundstücken und nehmen insbesondere Bezug auf die Ortsgeschichte in der Antike.

Technologische Vorraussetzungen und Verbreitung

Am Projektbeginn musste zunächst die Entscheidung für eine technische Plattform getroffen werden. In Zukunft werden voraussichtlich die Plattformen Apple iOS und Android den Mobilfunkmarkt beherrschen. Für den Prototyp wurde Apple iOS aus folgenden Gründen als Plattform ausgewählt:

- einfache und standardisierte Verbreitung über den AppStore
- beschränkte Hardware Modelle
- zahlreiche Nutzer

Die Applikation wurde für das iPhone optimiert, läuft aber auch auf dem iPodTouch und dem iPad. In Zukunft soll die Applikation auch auf weitere Plattformen übertragen werden. Ziel ist es, das archäologische Informationsystem zumindest für die beiden oben erwähnten Plattformen zur Verfügung zu stellen.

Die Applikation wurde für das iPhone optimiert. Es bietet alle technischen Vorraussetzungen, um alle Inhalte und alle Funktionen nutzen zu können. Insbesondere die GPS-Navigation ist nur mit dem iPhone möglich.

Von besonderer Bedeutung ist, dass die Applikation und alle Inhalte auch ohne Internetverbindung funktionieren sollten. Der Limes verläuft auch in abgeschiedenen Gegenden und oft ist noch keine schnelle Internetverbindung über Mobilfunk gewährleistet. Gerade die hochwertigen Videosequenzen benötigen aber hohe Bandbreiten. Daher wurden alle Inhalte in die Anwendung eingebunden und mit der Applikation auf das Mobiltelefon geladen. Internationalen Besuchern werden so auch hohe Roaming-Kosten erspart.

Entwicklung der Inhalte

Die Applikation »Mainlimes Mobil« setzt auf neueste Technologie, dennoch bleibt die Entwicklung der Inhalte der zentrale Aspekt. Die Technologie bietet die Möglichkeit, hochwertige Inhalte an unterschiedlichsten Orten zu präsentieren, bei deren Produktion klassische Erzähltechniken adaptiert oder geändert werden können. Dies gilt insbesondere für Smartphones mit der Möglichkeit, die Inhalte als Videosequenzen, Audiosequenzen oder Text-/Bildinformationen darzustellen.

Das Ziel der Applikation ist es, Besuchern des Welterbe Limes interessante archäologische Inhalte vor Ort bereitzustellen. Mit Hilfe der GPS Navigation kann der Besucher auch schwer zu lokalisierende archäologische Denkmäler entdecken. Am bayerischen Abschnitt des Mainlimes wurden daher in sechs Ortschaften/Städten 48 Hotspots zwischen Miltenberg und Stockstadt festgelegt. Jeder Hotspot nimmt Bezug auf einen archäologischen Fundplatz/Fund oder er vermittelt historische oder epigraphische Informationen.

Eine besondere Herausforderung bestand darin für die einzelnen Hotspots das optimale Medium zu definieren. Als Beispiel für die Auswahl des Mediums kann man das Kastell Wörth anführen. Das Kastell liegt in einem Feld und es gibt heute keine sichtbaren Spuren. Mittels GPS Navigation wird der Nutzer zur porta praetoria des Kastells geführt. Dieser Hotspot bietet eine 3D-Videoanimation des Kastells mit Blick auf die porta praetoria. Auf diese Weise erhält der Besucher einen Eindruck von dem Kastell, welches hier einst stand. Ein weiteres Beispiel ist eine Audiosequenz über einen eingemauerten Inschriftenstein in Obernburg. Ziel ist es, dass sich der Besucher die Originalinschrift ansehen kann, ohne auf das Display des Smartphones zu achten. Der Nutzer kann den Stein genau betrachten, gleichzeitig erhält er über eine Tonspur die notwendigen Informationen.

Insgesamt wurden am Mainlimes in Bayern 48 Hotspots definiert:

- 16 Videosequenzen (Länge: ca. 01:00 – 03:00 Min.)
- 14 Audiosequenzen (Länge: ca. 01:00 – 03:00 Min.)
- 18 Text-/Bildinformationen

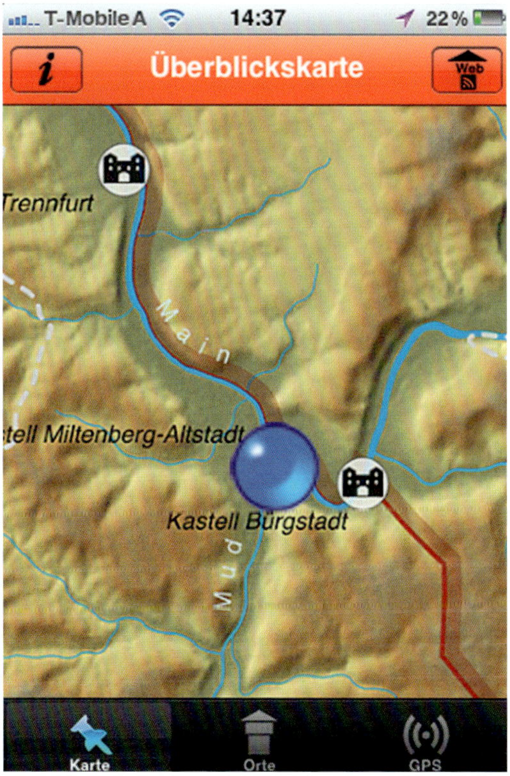

Die Überblickskarte der Anwendung mit GPS-Navigation

Alle Hotspots sind aufeinander abgestimmt, um dem Nutzer ein möglichst genaues Bild der Welterbes Limes zu vermitteln. Zusammen zeichnen die Hotspots ein Bild des Limes am Main in Bayern, welches auf den aktuellen Forschungen beruht.

Technische Umsetzung

Von besonderer Bedeutung sind natürlich die technische Umsetzung und die Schnittstelle, welche den Zugang zu den Informationen erlaubt. Die Steuerung der Applikation wurde über georeferenzierte Karten gelöst. Eine Überblickskarte

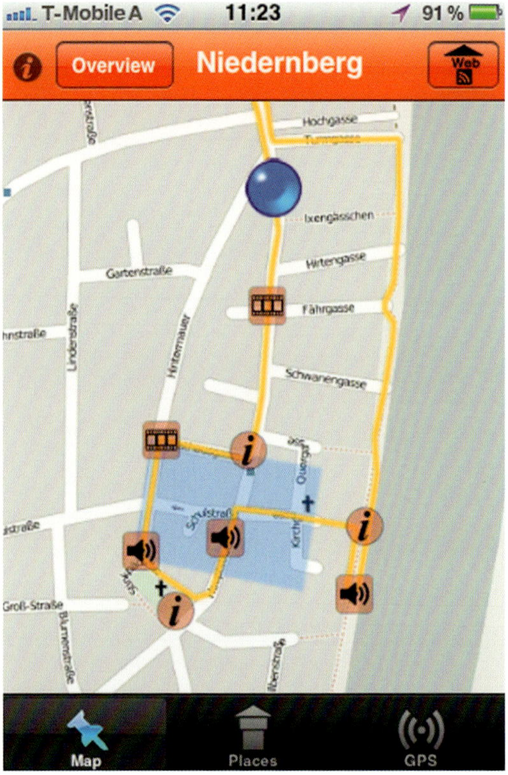

Detailkarte mit Ortsrunde Niedernberg

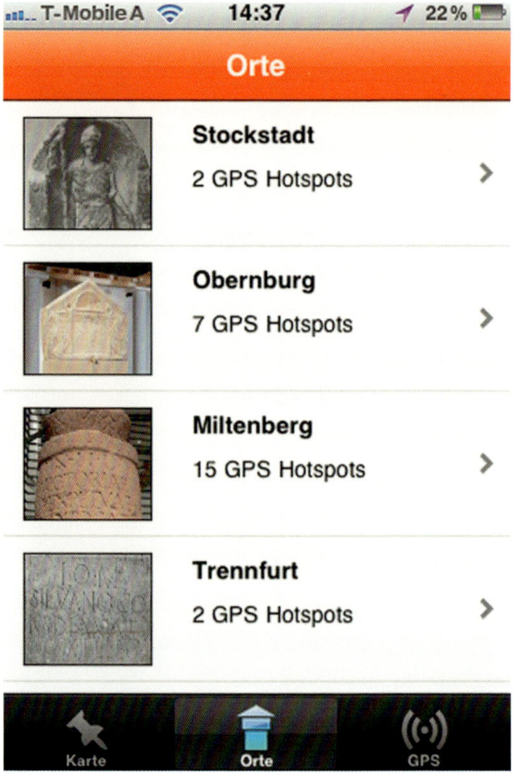

Eine Alternative zur Karte ist die Menüsteuerung über Tabellendarstellung.

zeigt die gesamte Region und ihre Ortschaften. Mehrere detailliertere Karten bieten Zugang zu den einzelnen Hotspots. Die Karten sind zoombar und die Inhalte können manuell über die Karte angewählt werden. Auf der Überblickskarte kann man die gewünschte Ortschaft anklicken, in den Detailkarten dann die Hotspots anwählen und erhält so direkten Zugang zu den einzelnen Inhalten.

Schaltet man in der Region die GPS Funktion ein, wird der eigene Standort als blauer Punkt in der Karte dargestellt. Im Umkreis von 15 Metern um einen Hotspot meldet sich das Smartphone automatisch mit einem Signalton. Der Nutzer kann dann entscheiden, ob diese Information für ihn von Interesse ist.

Alternativ wurde noch eine Navigation über eine Tabellenansicht für jeden Ort bereitgestellt. Diese stellt einen direkten Zugang zu den Inhalten sicher und ermöglicht auch einen guten Überblick.

Zusammenfassung und zukünftige Entwicklungen

Das archäologische Informationssystem »Mainlimes Mobil« stellt hochwertige Informationen in der Region bereit. Es verknüpft die Museen mit ihren Funden und dem Fundplatz. Von besonderer Bedeutung sind die automatische Information der Nutzer und die Integration von mehreren Sprachen. Die Applikation »Mainlimes Mobil« wird derzeit in Deutsch und Englisch bereitgestellt.

In die Applikation wurde auch ein Rätsel integriert. Durch den Besuch der archäologischen Stätten entlang des Mainlimes und die Informationen in dem neuen System können die Fragen beantwortet werden. Diese Eigenschaft der Anwendung soll besonders Familien ansprechen, die in der Region Urlaub machen.

In Zukunft wird diese Form von Geo-caching besser in die Applikation integriert. Eine weitere interessante Funktion, welche in zukünftige Versionen der Applikation eingebunden werden soll, ist Augmented Reality. Damit können archäologische Monumente direkt im Live-Kamerabild des Smartphones lokalisert werden. In Zukunft sollen weitere Teile des Limes mit diesem Informationssystem erschlossen werden. Die Applikationen sollen sowohl für Apple iOS und für Andriod verfügbar sein.

IV Anhang

Literaturverzeichnis

Bier, Fabian: *Audioguides als museales Gestaltungsmittel: der Einsatz medialer Audioguides als Leitungs- und Gestaltungselement*, Stuttgart (Bachelorarbeit), 2008.

Blesser, Barry; Salter, Linda-Ruth: *Spaces Speak, Are You Listening? Experiencing Aural Architecture*, Cambridge, Massachusetts / London: The MIT Press 2006.

Büchele, Werner; Greisinger, Sybille; Simon, Holger: *Neue Wege zur Vermittlung von Kunst und Kultur: Museums-Apps, Augmented Reality und QR-Codes*. In: museum heute 41 (Dezember 2011), Landesstelle für die nichtstaatlichen Museen in Bayern, München 2011, S. 41f. (S. 37–43), pdf-download unter: http://www.museen-in-bayern.de/landesstelle/museum_heute.html.

Buhl, Hanna: *Die akustische Führung in Kunstmuseen*, Berlin (Magisterarbeit), 2006.

Buschhoff, Anne: *Akustische Führungen in der Galerie und in Sonderausstellungen der Kunsthalle Bremen – ein Erfahrungsbericht*. In: Staatliche Museen zu Berlin, Akustische Führungen in Museen und Ausstellungen. Bericht zur Fachtagung im Filmmuseum Berlin 2001. (Mitteilungen und Berichte aus dem Institut für Museumskunde, Nr. 23), S. 19–23.

Dombois, Florian: *Sonifikation. Ein Plädoyer, dem naturwissenschaftlichen Verfahren eine kulturhistorische Einschätzung zukommen zu lassen*. In: Meyer, Petra Maria (Hg.): Acoustic turn. Inkl. 2 DVDs, Paderborn: Fink 2008, S. 91–102.

Eder, Martina: *Ein Konzept zur Erstellung von nutzergenerierten AudioGuides als Lehrmedium*, Neu-Ulm (Diplomarbeit), 2009.

Eggert, Barbara M.: *Der Audioguide als Element der Lernkultur im Museum – Untersuchungen zum intendierten Hörer*. In: Gieseke, Wiltrud; Robak, Steffi; Wu, Ming-Lieh (Hg.): Transkulturelle Perspektiven auf Kulturen des Lernens, Bielefeld: Transcript 2009, S. 215–242.

Eimeren, Birgit van; Frees, Beate: *Drei von vier Deutschen im Netz – ein Ende des digitalen Grabens in Sicht?* In: ARD/ZDF-Onlinestudie 2011, Media Perspektiven, MP 7/8 2011, S. 334–349, http://www.ard-zdf-onlinestudie.de/index. php?id=271.

Franken-Wendelstorf, Regina: *Digitale Medien im Museum*. In: Wagner, Bernd; Institut für Kulturpolitik der Kulturpolitischen Gesellschaft (Hg.), Jahrbuch für Kulturpolitik 2011, Band 11 – Thema: Digitalisierung und Internet, Bonn/Essen 2011, S. 168 (S. 165–169).

Gruber, Marion, R.: *E-Learning im Museum und Archiv: Vermittlung von Kunst und Kultur im Informationszeitalter*, Saarbrücken (Dissertation), 2009.

Gütt, Ines: *App. Smartphone-Applikationen im Museumsbereich*, (Bachelorarbeit), 2010, http://www.youblisher.com/p/32544-Smartphone-Applikationen-im-Museumsbereich/ sowie der Blog »Museums-Apps« von Ines Gütt: http://www.museums-app.de/blog15.html.

Imhof, Margarete: *Zuhören. Psychologische Aspekte auditiver Informationsverarbeitung*, Edition Zuhören, Band 4, Göttingen: Vandenhoeck und Ruprecht, 2003.

Knoke, Felix: *Barrierefrei durch Touchscreens. Warum viele Blinde das iPhone lieben*. In: Spiegel Online, 17.10.2010. Online: http://www.spiegel.de/netzwelt/gadgets/0,1518,722400,00.html.

Kunz-Ott, Hannelore: *Mit den Ohren sehen: Museen + Radio + Schulen = Audioguides*. In: Kinder zum Olymp, Kongress-Dokumentation Konkret! Kooperation für kulturelle Bildung, Berlin 2009, S. 135–137.

Lutz, Petra: *Planung und Nutzung von Audioguides im Deutschen Hygiene-Museum*. In: Informationen des Sächsischen Museumsbundes, Bd. 29. Dresden, 2004, S. 11–14.

Menden, Alexander: *Der tragbare Kurator. Audioguides in Museen werden immer raffinierter*. In: Süddeutsche Zeitung, 27.12.2011.

Mitteilungen und Berichte des Instituts für Museumsforschung Nr. 23: *Akustische Führungen in Museen und Ausstellungen – Bericht zur Fachtagung im Filmmuseum Berlin*, Berlin, 2001.

Mrosek, Jürgen: *Audioguide für alle!* In: Staatliche Museen zu Berlin, Akustische Führungen in Museen und Ausstellungen. Bericht zur Fachtagung im Filmmuseum Berlin 2001. (Mitteilungen und Berichte aus dem Institut für Museumskunde, Nr. 23), S. 15–18.

Nussbaummüller, Winfried: *Audioguide*. In: Wagner, Ernst; Dreykorn, Monika (Hg.): Museum Schule Bildung. Aktuelle Diskurse – Innovative Modelle – Erprobte Methoden, München: kopead, 2007, S. 102f.

Penzias, Elisabeth: *Hat der Audioguide Zukunft? Audielle Informationsmedien in Museen und Ausstellungen*, Saarbrücken: VDM-Verlag Müller, 2008.

Petrick, Dirk: *Audioguides als Informationssystem in Museen: Eine vergleichende Untersuchung von akustischen Führungssystemen in unterschiedlichen Ausstellungstypen*, Berlin (Diplomarbeit), 2005.

Schäfer, Denis: *PDA: Mobiles Informationssystem für die Besucherbetreuung im Museum, Dokumentation und Diskussion ausgewählter Beispiele*. (Mitteilungen und Berichte aus dem Institut für Museumsforschung), 2007. http://www.smb.museum/ifm/dokumente/mitteilungen/MIT043.pdf.

Scheich, Henning (Hg.): *Jahresbericht 04/05 der Abteilung Akustik, Lernen, Sprache*. Leibniz-Institut für Neurobiologie, Universität Magdeburg, 2005.

Scheich, Henning: *Am Anfang war das Hören*. Vortrag, gehalten bei der Tagung »Überall Bildung – Bildungsangebote und Bildungsauftrag des öffentlich-rechtlichen Rundfunks« von 02. – 04.05.2007 in Kloster Banz.

Schulze, Karin: *Museums-Star Chris Dercon »Gehen Sie in den hintersten Winkel des Gartens«* (Interview). In: Spiegel Online, 11.02.2011. Online: www.spiegel.de/kultur/gesellschaft/0,1518,744706,00.html.

Schwarzberger, Sebastian: *Audioguides als flexible Netzwerker – Vom Tonabspielgerät zum Multimediaguide*. In: Sieck, Jürgen (Hg.): Kultur und Informatik: Interaktive Systeme (Tagungsband), Boizenburg 2010, S. 93–96.

Seltzer, Andreas: *Einiges über Audioguides: Wenn Sie sich in dieses Gemälde vertiefen wollen, drücken Sie bitte auf die grüne Taste*. In: Museumsjournal, Museumspädagogischer Dienst Berlin, 2008, S. 18–20.

de Teffe, Carola; Müller-Hagedorn, Lothar: *Zur Wirkung von emotional und sachlich gestalteten Audioguides in Museen*. In: Lewinski-Reuter, Verena; Lüddemann, Stefan: Kulturmanagement der Zukunft, Wiesbaden: VS-Verlag für Sozialwissenschaften, 2008, S. 220–221.

Truax, Barry: *Acoustic Communication*. Norwood, New Jersey: Ablex Pub. Corp., 1984.

Türk, Peter: *Grundsätzliches zu akustischen Besucherinformationssystemen*. In: Museum Aktuell, München: Müller-Straten, Juli 1998, S. 1222–1227.

Urban, Andreas: *Audioguides als technische Alternative und Basis für personale Führungen*. In: Schreiber, Waltraud; Lehmann, Katja; Unger, Simone; Zabold, Stefanie (Hg.): Ausstellungen anders anpacken, Neuried: Ars Una Verlagsgesellschaft, 2005, S. 491–502.

Vorwerk, Ursula: *Wie kommt ein Museum zu einem Audioguide? Eine Checkliste*. In: Staatliche Museen zu Berlin, Akustische Führungen in Museen und Ausstellungen. Bericht zur Fachtagung im Filmmuseum Berlin 2001 (Mitteilungen und Berichte aus dem Institut für Museumskunde, Nr. 23), S. 6–11.

Voss, Julia: *Der Betrachter ist im Ohr*. In: Frankfurter Allgemeine Zeitung, 24.08.2009.

Wacker, Christian: *Audioführungen*. In: Museum Aktuell, München: Müller-Straten, März 2001, S. 2720–2723.

Wagner, Bernd; Institut für Kulturpolitik der Kulturpolitischen Gesellschaft (Hg.), *Jahrbuch für Kulturpolitik 2011*, Band 11 – Thema: Digitalisierung und Internet, Bonn/Essen 2011.

Wagner, Ernst: *Audiopiloten für die Pinakothek der Moderne*. In: Wagner, Ernst; Dreykorn, Monika (Hg.): Museum Schule Bildung. Aktuelle Diskurse – Innovative Modelle – Erprobte Methoden, München: kopaed, 2007, S. 104–106.

Wilch, Astrid: *Grundsätzliches zu Audioguides*. In: Museum Aktuell, München: Müller-Straten, März 2001, S. 2724–2726.

Ausgewählte Links

Anbieter

- Acoustiguide
  www.acoustiguide.de
- Alexa Audioproduktion: nur in Deutschland tätig, Sitz in Marktkleeberg bei Leipzig
  www.alexa-audio.de
- Antenna Audio: führend und weltweit tätig, deutscher Sitz in Berlin, kompletter Support
  www.antennaaudio.com
- Audio Konzept: deutschlandweit tätig, Sitz in Berlin, komplettes Audioangebot mit Hörbüchern, Sounddesign, Audioführungen, Hörspiele, podcasts etc.
  www.audio-konzept.de
- Digitale Medien & Kultur
  www.digikultur.de
- Culture to go
  www.culture-to-go.com
- Gebärdenfabrik
  www.gebaerdenfabrik.de
- Gebärdenwerk
  www.gebaerdenwerk.de
- Hörblick: deutschlandweit tätig, Sitz in Regensburg, spezialisiert auf Hörführungen (Museum, Natur, Stadt etc.)
  www.hoerblick.de
- i-Guide Media GmbH: deutschlandweit tätig, Sitz in Thüringen, arbeitet mit Multimediageräten u.a. auf der Basis von Apple
  www.iguide.de
- Linon Medien Produktion: deutschlandweit tätig, Sitz in Berlin, kompletter Support
  www.linon.de
- Orpheo-Group: weltweit tätig, Schwerpunkt in den USA, kompletter Support
  www.orpheogroup.com
- Pausanio
  www.pausanio.de
- Satelles
  www.satelles.de
- Soundcom: hauptsächlich in Norddeutschland vertreten, Sitz in Hamburg
  www.soundcom.de
- Soundgarden Audioguidance: europaweit tätig, Sitz in München, Produkte: Audioguides, Gruppenführungsgeräte, Hörstationen
  www.audioguide.de
- Tonwelt: europaweit tätig (Deutschland, Österreich, Schweiz, Großbritannien, Türkei, Frankreich, Spanien), Sitz in Berlin, Produkte: Audioguides, Gruppenführungsgeräte, PDA und iPod-Guides, Hörstationen
  www.tonwelt.com
- X-pedeo: deutschlandweit tätig, Sitz in Bremen, Multimedia-Guide
  www.expedeo.de

Selbermachen

Gemafreie Musik

- Musik zum Gratis-Download für private und Bildungszwecke
  www.on3.de
- Musik zum Gratis-Download nach Creative-Commons-Lizenzen (deutsch)
  www.jamendo.com/de
- Musik zum Gratis-Download nach Creative-Commons-Lizenzen (englisch)
  http://ccmixter.org
- Einführung in die rechtliche Situation und viele Links zu GEMA-freier Musik
  www.medienpaedagogik-praxis.de/kostenlose-medien/freie-musik
- Informationen der GEMA zu Podcasting-Lizenzen
  https://online.gema.de/lipo/portal

Geräusche zum Download

- Frei zugängliches Soundarchiv im Netz
  www.hoerspielbox.de
- Gemeinschaftliche Datenbank von Creative-Commons-lizensierten Geräuschen (englisch)
  http://freesound.org
- Sound-Effekte zum Download (englisch)
  http://www.sounddogs.com
- Geräusche, Loops, Sounds und GEMA-freie Musik, teilweise frei, auch im Abo
  www.tonarchiv.net
- Geräusche und Loops, 5 kostenlose Geräusche pro Monat
  www.soundsnap.com

Audioschnittsoftware

- Audacity: open source, kostenlos, läuft auf PC, Linux und Mac
  http://audacity.de
- Magix Audio Studio, Music Studio, Samplitude: erhältlich als Schulversion oder auf Gratis-CDs zu Computerzeitschiften
  www.magix.com/de/partner

Aufnahmegeräte

- Handy Recorder des Herstellers Zoom (zu empfehlen h1, h2 und Q3 mit Videofunktion)
  www.zoom.co.jp/english/index.html
- Mobile Recorder des Herstellers M-Audio (zu empfehlen Micro-Track II)
  www.m-audio.com
- Digitaler Rekorder des Herstellers Olympus (zu empfehlen LS-10)
  www.olympus.de
- Mobile Digital Audio Recorder des Herstellers Swissonic (zu empfehlen MDR-2)
  www.thomann.de

Stand: April 2012

Autorenverzeichnis

Dr. Max Ackermann, Kultur- und Medienwissenschaftler, Autor, Radiomacher und Mediencoach, Projektleiter; Promotion zur »Kultur des Hörens«; Lehraufträge für Medienwissenschaften in Wien, Hagen, Bayreuth und Erlangen am UNESCO-Lehrstuhl für Kulturelle Bildung. Seit 1990 freier Mitarbeiter des Bayerischen Rundfunks; Mitorganisator der Fachtagung »Radiotage« für den Bayerischen Rundfunk und die Evangelische Akademie Tutzing.

Hanna K. Buhl, M.A., Ausbildung zur Verlagskauffrau bei Gruner + Jahr, Hamburg; Studium der Publizistik- und Kommunikationswissenschaften, Politik und Soziologie an der Freien Universität Berlin. Bis 2008 Geschäftsführerin des Masterstudiengangs Sound Studies – Akustische Kommunikation an der Universität der Künste Berlin; bis Herbst 2011 wissenschaftliche Mitarbeiterin mit Schwerpunkt »Akustische Kommunikation« an der Pädagogischen Hochschule der Fachhochschule Nordwestschweiz, Aarau, sowie Tätigkeit im Bereich Strategie und Entwicklung in der Soundbranding-Agentur »Corporate Sound AG« in Basel. Seit Herbst 2011 wissenschaftliche Mitarbeiterin an der Charité, Berlin, sowie freie künstlerische Projekte.

Elke Dillmann, M.A., Studium der Theater- und Medienwissenschaften, Literaturwissenschaft und Pädagogik in Erlangen-Nürnberg; Projektleitungs-Ausbildung beim Institut für Jugendarbeit, Coaching-Ausbildungen bei METALOG training tools und dem Institut für Sozialkompetenz; Journalistin, Moderatorin und Autorin beim Bayerischen Rundfunk; freie Trainerin und Coach; Konzeption und Betreuung zahlreicher Audioguideprojekte.

Erik Dobat, M.Phil, Tätigkeit für mehrere TV-Anstalten, 1996 Aufnahme des Studiums der Provinzialrömischen Archäologie in München mit Abschluss an der University of Glasgow 2004; 1998 Gründung von Boundary Productions zur Produktion qualitativ hochwertiger Dokumentarfilme zu archäologischen Themen; 2009 Produktion der iPhone Applikation »Mainlimes Mobil«, seit 2011 Arbeit am Nachfolgeprojekt »Limes Mittelfranken Mobil«.

Dr. Christof Flügel, Studium der Provinzialrömischen Archäologie, Klassischen Archäologie und Alten Geschichte in Wien und München; seit 2000 Referent für die archäologischen und naturwissenschaftlichen Museen bei der Landesstelle für die nichtstaatliche Museen in Bayern mit weiterem Schwerpunkt auf der allgemeinverständlichen Vermittlung des transnationalen seriellen Welterbes »Grenzen des Römischen Reiches« unter Einsatz virtueller Idealrekonstruktionen und von Smartphone-Applikationen.

Katharina Funk, Dipl.-Ing., Studium der Architektur an der TU München, nach dem Diplom Tätigkeit in verschiedenen Architekturbüros in Deutschland und in der Schweiz; heute selbständige Tätigkeit im eigenen Architekturbüro in München; seit 1996 Lehrtätigkeit an der Städtischen Fachschule für Bautechnik/Meisterschule für das Bauhandwerk in München.

Gisela Geiger, M.A., Studium der Germanistik, Kunstgeschichte und Philosophie in Freiburg, Lausanne und München; seit 2002 Leiterin des Stadtmuseums Penzberg mit den Themenbereichen Stadt- und Bergwerksgeschichte, Kunst des Expressionismus (Blauer Reiter), zeitgenössische Kunst; verschiedene Publikationen u.a. zu Heinrich Campendonk.

Marion Glück-Levi, M.A., Studium der Politikwissenschaften, Germanistik und Geschichte in München; seit 1980 Redakteurin im Bayerischen Rundfunk in der Redaktion »Wirtschaft und Familie«; 1990 Übernahme der Leitung des Familienfunks, seit 1999 Leitung der Hauptabteilung Familie und Gesellschaft; seit 2002 Vorstandsvorsitzende der bundesweiten Stiftung Zuhören, deren Mitstifter der Bayerische Rundfunk ist; Leitung der Abteilung Bildungsprojekte des Bayerischen Rundfunks.

Mareike Goetz, Dipl.-Biologin, Studium der Biologie in Bayreuth, Turku (Finnland) und Berlin; weitere Auslandsaufenthalte in USA und Frankreich; Reiseleitung für Wander- und Naturreisen in Europa; Programmkoordinatorin an der DJH Umwelt|Jugendherberge Prien; Umweltbildungsreferentin beim Kreisjugendring München-Land.

Sybille Greisinger, M.A., Studium der Kunstgeschichte, Philosophie und Pädagogik in Karlsruhe, Berlin und Köln; 2003 bis 2005 kuratorische Tätigkeit im Rahmen des Aufbaustudienganges »Museums- und Ausstellungswesen« der Ludwig-Maximilians-Universität München; ab 2005 Online-Redaktion des kunsthistorischen Rechercheportals »arthistoricum.net« am Zentralinstitut für Kunstgeschichte in München; seit 2006 im Referat »Öffentlichkeitsarbeit und Publikationen« der Landesstelle für die nichtstaatlichen Museen in München; Themenschwerpunkt Internet und Social Media für Kultureinrichtungen.

Dr. Michael Henker, Landeskonservator, Studium der Geschichte und Kunstgeschichte; seit 1983 am Haus der Bayerischen Geschichte, ab 2000 dort Stellvertretender Direktor, seit Juli 2008 Leiter der Landesstelle für die nichtstaatlichen Museen in Bayern; leitender Kurator und Organisator zahlreicher (Landes)-Ausstellungen sowie Autor und Herausgeber zahlreicher Veröffentlichungen zur Geschichte, Kunst- und Kulturgeschichte nicht nur Bayerns.

Dr. Cathrin Klingsöhr-Leroy, Studium der Kunstgeschichte, Archäologie und Deutschen Literaturwissenschaft in Regensburg, Bonn und Paris, Promotion über französische Malerei des 17. Jahrhunderts; Publikationen und Ausstellungsprojekte zur Klassische Moderne und Nachkriegsabstraktion in Deutschland; Schwerpunkte sind Forschungen zu Lyonel Feininger, Lovis Corinth, Paul Klee, dem Blauen Reiter sowie ZEN 49; von 1994 – 2010 Kuratorin der Fritz Winter Stiftung bei den Bayerischen Staatsgemäldesammlungen; seit 2010 Leiterin des Franz Marc Museums in Kochel a. See.

Dr. Tanja Kohwagner-Nikolai, Studium der Kunstgeschichte, Historische Hilfswissenschaften, Frühchristliche und Byzantinische Kunstgeschichte, Klassische Archäologie und Alte Kirchengeschichte an den Universitäten München, Augsburg und Erlangen-Nürnberg; Promotion über niedersächsische Bildstickereien; 2005–2007 Länderstipendiatin des Freistaats Bayern am Zentralinstitut für Kunstgeschichte in München; 2006 Werner-Hauger-Preis; 2007–2008 Koordination und Konzeptentwicklung des Kinder- und Familienprogramms am Bayerischen Nationalmuseum; 2008–2010 wissenschaftliche Volontärin bei der Bayerischen Schlösserverwaltung; seitdem selbstständige Museumspädagogin, Kunsthistorikerin und Autorin.

Dr. Hannelore Kunz-Ott, Studium der Kunstgeschichte, Vor- und Frühgeschichte und Volkskunde; Promotion 1980; seit 1983 Referentin für Museumspädagogik, Museumsdidaktik und Öffentlichkeitsarbeit sowie Gebietsreferentin für den Bezirk Schwaben bei der Landesstelle für die nichtstaatlichen Museen in Bayern; 2003–2008 Vorsitzendes des Bundesverbands Museumspädagogik; 12 Jahre Lehrbeauftragte für Museumskunde und Ausstellungswesen an der Ludwig-Maximilians-Universität München.

Markus Melcher, Dipl.-Ing. (FH), Studium der Fahrzeugtechnik; seit 1998 beim Bayerischen Rundfunk, zunächst als Systemadministrator, dann als Entwickler für Web- und Multimedia-anwendungen sowie Content-Management-Systeme; seit 2009 auch als selbstständiger Softwareingenieur und Berater tätig; derzeitiger Aufgabenschwerpunkt ist die Weiterentwicklung des Jugendprogramms on3.de.

Dr. Uta Piereth, Studium der Kunstgeschichte, Geschichte und Romanistik in Freiburg, Poitiers, Bonn, München; Promotion an der Universität Fribourg; Tätigkeit für das Haus der Bayerischen Geschichte, die Landesstelle für die nichtstaatlichen Museen in Bayern, die Münchner Pinakotheken und (seit 2007) die Bayerische Schlösserverwaltung; Konzeption und Realisierung von Dauer- und Wechselausstellungen, Vermittlungsprogrammen, Veranstaltungen für unterschiedlichste Zielgruppen, Schulungen von Führungspersonal, Lehraufträge.

Dr. Christoph Pinzl, Studium der Empirischen Kulturwissenschaft/Volkskunde, Deutschen Philologie und Geschichte in München und Tübingen; seit 1993 Leiter des Deutschen Hopfenmuseums Wolnzach und seit 2007 Dipl.-Biersommelier.

Andrea Prehn, Dipl.-Kulturwissenschaftlerin, Tätigkeit im Referat Kulturstatistik und Besucherforschung am Institut für Museumsforschung der Staatlichen Museen zu Berlin; freiberufliche Projekte zur Besucherforschung in Museen; Lehraufträge an der Berliner Hochschule für Technik und Wirtschaft und der Fachhochschule Joanneum in Graz mit Themen zu Besucherforschung und Museumsmanagement.

Dr. Rainhard Riepertinger, Studium der Neueren Geschichte in München; seit 1985 im Ausstellungs- und Museumswesen tätig, von 1991–1996 wissenschaftlicher Angestellter am Haus der Bayerischen Geschichte, von 1996–2001 Leiter der Museen der Stadt Kempten im Allgäu; seit 2001 am Haus der Bayerischen Geschichte, seit 2008 stellvertretender Direktor.

Prof. Dr. Holger Schulze, Gastprofessor am Institut für Kulturwissenschaft der Humboldt-Universität zu Berlin. Leiter des DFG-geförderten Sound Studies Lab und des internationalen Forschungsnetzwerkes der DFG »Sound in Media Culture«. Gründer und Herausgeber der Buchreihe »Sound Studies« im transcript Verlag Bielefeld und Gastforscher des »Nordic Research Network for Sound Studies«. Autor für Texte zur Kunst, Deutschlandradio Kultur, Positionen – Texte zur aktuellen Musik, de:Bug – Magazin für elektronische Lebensaspekte.

Sandra Walkshofer, M.A., Studium der Geschichte und Publizistik/Kommunikationswissenschaften an der Universität Wien, Autorin und Produzentin von Dokumentarfilmen; Geschäftsführerin der Boundary Media KG, spezialisiert auf Dokumentarfilme zu archäologischen Themen.

Dr. Klaus Weschenfelder, Studium der Kunstgeschichte, Provinzialarchäologie und Pädagogik in München; Tätigkeit als Museums- und Kulturpädagoge, anschließend wissenschaftlicher Volontär am Landesmuseum Hannover und Museumsleiter in Offenburg sowie am Mittelrhein-Museum Koblenz; seit 2002 Direktor der Kunstsammlungen der Veste Coburg; seit 2009 Präsident von ICOM Deutschland; Publikationen zur Museumspädagogik und Kunst des 15. bis 20. Jahrhunderts.

Abbildungsnachweis

Zu Beitrag H. Kunz-Ott (S. 17 ff.)
Landesstelle für die nichtstaatlichen Museen in Bayern, München: S. 17. – Acoustiguide GmbH, Berlin: S. 18. – Soundgarden Audioguidance GmbH, München: S. 20.

Zu Beitrag H. Schulze, H. Buhl (S. 27 ff.)
Antenna International™, Berlin: S. 27, 29, 30.

Zu Beitrag U. Piereth (S. 33 ff.)
Bayerische Schlösserverwaltung (Daniela Schwarzmeier): S. 35.

Zu Beitrag H. Kunz-Ott (S. 39 ff.)
naturama (Aargauer Naturmuseum), Aarau: S. 39, 40. – Stiftung Zuhören, München: S. 41.

Zu Beitrag H. Schulze, H. Buhl (S. 43 ff.)
Antenna International™, Berlin: S. 44 (links). – Acoustiguide GmbH, Berlin: S. 44 (rechts). – Tonwelt Professional Media GmbH, Berlin: S. 45.

Zu Beitrag E. Dillmann (S. 49 ff.)
Elke Dillmann, München: S. 51, 52. – Barbara Raub, München: S. 53.

Zu Beitrag M. Ackermann (S. 55 ff.)
Michael Krellowetz/pixelio.de: S. 56.

Zu Beitrag E. Dillmann (S. 59 ff.)
Andrea Pietsch: S. 60.

Zu Beitrag M. Melcher (S. 63 ff.)
Soundgarden Audioguidance GmbH, München: S. 63. – Tonwelt Professional Media GmbH, Berlin: S. 64.

Zu Beitrag S. Greisinger (S. 67 ff.)
Grafik: Sybille Greisinger: S. 68 (Umsetzung der Empfehlung für eine Standard-Museums-App nach Holger Simon [Pausanio]). – Screenshot: http://vimeo.com/23717363, 5.2.2012: S. 69. – Screenshot, http://www.youtube.com/watch?v=BZr_gGW5QOc, 5.2.2012: S. 70.

Zu Beitrag R. Riepertinger (S. 81 ff.)
Acoustiguide GmbH, Berlin: S. 83. – Atelier für Kommunikationsgestaltung (Nicole Westphal), Hildesheim: S. 84.

Zu Beitrag A. Prehn (S. 87 ff.)
Andrea Prehn: S. 88, 89, 91. – Screenshot www.berlinischegalerie.de, 28.12.2010: S. 90.

Zu Beitrag K. Weschenfelder (S. 93 ff.)
Helke Renner: S. 93. – Kunstsammlungen der Veste Coburg (Klaus Weschenfelder): S. 95.

Zu Beitrag C. Klingsöhr-Leroy (S. 97 ff.)
Franz Marc Museum, Kochel a. See: S. 98, 99.

Zu Beitrag T. Kohwagner-Nikolai (S. 101 ff.)
Bayerische Schlösserverwaltung (Tanja Kohwagner-Nikolai): S. 102, 103.

Zu Beitrag M. Goetz (S. 105 ff.)
Naturkundemuseum Ostbayern, Regensburg: S. 106, 107.

Zu Beitrag C. Pinzl (S. 109 ff.)
Stiftung Zuhören, München: S. 110, 112, 113.

Zu Beitrag M. Ackermann (S. 115 ff.)
Dokumentationszentrum Reichsparteitagsgelände, Nürnberg: S. 116, 117.

Zu Beitrag G. Geiger (S. 119ff.)
Stadtmuseum Penzberg: S. 120, 121.

Zu Beitrag K. Funk (S. 123ff.)
Städtische Fachschule für Bautechnik, München (Katharina Funk): S. 123, 124, 125.

Zu Beitrag E. Dobat, S. Walkshofer, Chr. Flügel (S. 127 ff.)
Boundary Productions (Erik Dobat): S. 128, 129, 130.

Verzeichnis der Hörbeispiele auf der CD

1.
Landesmuseum Mainz
Hörbeispiel »Jugendstil«, bei dem in besonderer Weise die Ausstellung für Sehbehinderte beschrieben wird.
Text: Eberhard Schröter
Redaktion Audiodeskription: Anke Nicolai, Hörfilm e.V. München
Sprecher: Maja Chrenko und Steffen Hampl
Regie: Eberhard Schröter
Produktion: iGuide Kulturaufnahme GmbH
Dauer: 2:27 Min.

2–4
Übersee Museum, Bremen, Ausstellung
»Erleben was die Welt bewegt«. Die folgenden drei Audioguide-Beispiele aus dem Jahr 2010 arbeiten mit humorvollen, unterhaltsamen Texten. Es wird nicht nur eine einzige Meinung wiedergegeben, sondern stets zwei verschiedenen Positionen zu dem Thema – dargestellt durch einen jungen Mann und eine ältere Professorin – dem Hörer vorgestellt.

2.
Hörsequenz aus dem Thema »Sex und Gender«
Text: Leonie Terfort und Maike Gosch
Sprecher deutsch: Ulrike Möckel (Synchronsprecherin von Meg Ryan) und Andreas Fröhlich (Synchronsprecher von Edward Norton)
Sprecher englisch: Leslie Malton und Tom Zahner
Regie: Ilka Bartels
Produktion deutsch: Studio Napelastraße, Berlin
Produktion englisch: Frank Jacobsen, Bremen
Dauer: 2:02 Min.

3.
Hörsequenz aus dem Thema »Menschenrechte«
Text: Leonie Terfort und Maike Gosch
Sprecher deutsch: Ulrike Möckel (Synchronsprecherin von Meg Ryan) und Andreas Fröhlich (Synchronsprecher von Edward Norton)
Sprecher englisch: Leslie Malton und Tom Zahner
Regie: Ilka Bartels
Produktion deutsch: Studio Napelastraße, Berlin
Produktion englisch: Frank Jacobsen, Bremen
Dauer: 2:39 Min.

4.
Hörsequenz aus dem Thema »Migration«
Text: Leonie Terfort und Maike Gosch
Sprecher deutsch: Ulrike Möckel (Synchronsprecherin von Meg Ryan) und Andreas Fröhlich (Synchronsprecher von Edward Norton)
Sprecher englisch: Leslie Malton und Tom Zahner
Regie: Ilka Bartels
Produktion deutsch: Studio Napelastraße, Berlin
Produktion englisch: Frank Jacobsen, Bremen
Dauer: 2:02 Min.

5.
Naturama Aargau, Aarau, Schweiz
Entdeckungshilfe für den Rundgang in der Dauerausstellung. Zwei Figuren, eine Schnecke und eine Heuschrecke (Tante Schnägg und Gümpi) gehen zusammen durchs Museum. 16 in sich geschlossene Hörstücke.
Kostprobe: »Schnäbel und Laubfrösche«
Entstehungsjahr: 2004
Autor des Textes: Adrian Meyer, Gelterkinden
Sprecher: Ursula Bellwald, Clo Bisaz, Anna Hegi-Koch, Adriam Meyer, Katharina Schneebeli, Thomy Truttmann
Ton und Technik: Markus Kühne
Produktion: Naturama Aargau
Dauer: Total 41:30 Min.;
Kostprobe: 2:48 Min.

6–10
Haus der Bayerischen Geschichte, Augsburg
Hörbeispiele aus verschiedenen Landesausstellungen erstellt von professionellen Firmen und ein Beispiel von Jugendlichen, die im Rahmen eines Schülerprojektes Hörstationen für Kinder und Jugendliche erarbeitet haben.

6.
Hörstation in der Wanderausstellung »Der unbekannte Riese – Geschichte der Diakonie in Bayern«, 2004–2006, Einsatz über Hörlöffel
Kurzhörspiel »Adventsbaum und Adventskranz unterhalten sich«
Text/Drehbuch: Astrid Pellengahr, Kempten
Sprecher: Antje Cornelissen, Hannes Seebauer
Produktion: Bayerischer Rundfunk (Studio Franken)
Dauer: 3:31 Min.

7.
Bayerische Landesausstellung »Bayern – Italien – Kaiser, Kult und Casanova« Füssen 2010
Audioguide Hörtext zu einer römischen Fluchtafel, 2./3. Jahrhundert n. Chr. (Archäologische Staatssammlung, München)
Text/Drehbuch: Haus der Bayerischen Geschichte, Augsburg
Lektorat: Anne-Katrin Ziesak, Anja Scheifinger
Sprecher: Barbara Becker, Frank Arnold
Produktion: Firma Acoustiguide GmbH, Berlin (in Kooperation mit Bayern 2)
Dauer: 1:49 Min.

8.
Bayerische Landesausstellung »Bayern – Italien – Kaiser, Kult und Casanova« Füssen 2010
Audioguide Hörtext zum Porträtgemälde des Malers Franz Georg Hermann, 1767 (Ulmer Museum)
Text/Drehbuch: Haus der Bayerischen Geschichte, Augsburg
Lektorat: Anne-Katrin Ziesak, Anja Scheifinger
Sprecher: Barbara Becker, Frank Arnold
Produktion: Firma Acoustiguide GmbH, Berlin (in Kooperation mit Bayern 2)
Dauer: 1:59 Min.

9.
Bayerische Landesausstellung »Götterdämmerung – Ludwig II.«, Herrenchiemsee 2011
»Hohenschwangau«
Text: Margot Hamm, Haus der Bayerischen Geschichte, Augsburg
Sprecher: Gerhard Acktun, Viktor Pavel,
Produktion: Linon Medien, Schonungen
Dauer: 1:30 Min.

10–18
Audioguides von Jugendlichen für Jugendliche
Die folgenden neun Hörbeispiele sind im Rahmen von pädagogischen Projekten entstanden, die die Stiftung Zuhören in Kooperation mit dem Bayerischen Rundfunk und teilweise mit der Landesstelle für die nichtstaatlichen Museen in Bayern durchgeführt hat. Unterstützt von Mediencoaches des Bayerischen Rundfunks, von Museumspädagogen aus den jeweiligen Museen und von ihren Lehrkräften, haben Schülerinnen und Schüler verschiedener Altersgruppen und Schularten die Themen, die akustische Umsetzung und die technische Realisierung zum großen Teil selber durchgeführt.

10.
Haus der Bayerischen Geschichte, Augsburg
Götterdämmerung
Bayerische Landesausstellung »Götterdämmerung – Ludwig II.«, Herrenchiemsee 2011
»Prinz Wilhelm von Hessen-Darmstadt, Cousin Ludwigs II.«
Erarbeitet von Schülern und Schülerinnen der Q11 (P-Seminar) des Wilhelmsgymnasiums, München
Dauer: 2:57 Min.

11.
Franz Marc Museum, Kochel a. See
Hörstück, 2008, zum Gemälde »Das springende Pferd« von Franz Marc, 1912
Details siehe S. 97
Dauer: 3:47 Min.

12.
Museum Deutsche Fayencen, Höchstädt
»Breischüssel« – Ein Exponat erzählt, 2009
Details: siehe S. 101
Dauer: 2:15 Min.

13.
Naturkundemuseum Ostbayern, Regensburg
»Schnabelsong«, 2009
Details: siehe S. 105
Dauer: 2:17 Min.

14.
Deutsches Hopfenmuseum, Wolnzach
»Lupulin« – Hörstück mit Zeitzeugeninterviews, 2009
Details: siehe S. 109
Dauer: 1:28 Min.

15.
Dokumentationszentrum Reichsparteitagsgelände, Nürnberg
»Oberbürgermeister Liebel – Willy, Willy«, 2010
Erster Preis des Projekts »Jugendliche erzählen Geschichte«
Details: siehe S. 115
Dauer: 3:35 Min.

16.
Stadtmuseum Penzberg
Ausstellung »Bizarre Begegnung – Bilder schauen Dich an. Porträts aus der Sammlung Brabant«, 2009
Hörstück zum Gemälde »Pianistin« (aus der »Damenkapelle«) von Paul Kleinschmidt, 1937,
Details: siehe S. 119
Dauer: 2:44 Min.

17.
Münchner Baugeschichten I
»Olympiastadion«, 2008
Details: siehe S. 123
Dauer: 5:55 Min.

18.
Münchner Baugeschichten I
»Frauenkirche«, 2008
Details: siehe S. 123
Dauer: 9:43 Min.

Publikationen der
Landesstelle für die nichtstaatlichen Museen in Bayern
im Deutschen Kunstverlag

Museen in Bayern

Das Bayerische Museumshandbuch

5., überarbeitete und aktualisierte Ausgabe

MuseumsBausteine

Band 2: Marjen Schmidt, **Fotografien in Museen, Archiven und Sammlungen. Konservieren – Archivieren – Präsentieren.** Hg. in Zusammenarbeit mit dem Münchner Stadtmuseum

Band 3: Werner Endres, **Gefäße und Formen. Eine Typologie für Museen und Sammlungen**

Band 4: **Das Museumsdepot. Grundlagen – Erfahrungen – Tendenzen** (Neubearbeitung in Vorbereitung)

Band 5: **Aspekte der Museumsarbeit in Bayern. Erfahrungen – Entwicklungen – Tendenzen**

Band 6: **Sammlungsdokumentation. Geschichte – Wege – Beispiele**

Band 7: **Technisches Kulturgut. Der Bahnpostwagen von 1888 im Museum für Kommunikation Nürnberg**

Band 8: Gitta Böth, Manfred Hartmann u.a., **Möbel. Eine Typologie für Museen und Sammlungen** (Neubearbeitung in Vorbereitung)

Band 9: Hannelore Kunz-Ott (Hg.), **Museum und Schule. Wege zu einer erfolgreichen Partnerschaft**

Band 10: **Kulturgutverluste, Provenienzforschung, Restitution. Sammlungsgut mit belasteter Herkunft in Museen, Bibliotheken und Archiven**

Band 11: **Freilichtmuseum. Geschichte – Konzepte – Positionen**

Band 12: **Archäologische Funde im Museum. Erfassen – Restaurieren – Präsentieren**

Band 13: **Inventarisation als Grundlage der Museumsarbeit**

Band 14: Hannelore Kunz-Ott (Hg.), **Mit den Ohren sehen. Audioguides und Hörstationen in Museen und Ausstellungen**

Bestimmungsbuch Archäologie

Band 1: Ronald Heynowski, **Fibeln. Erkennen – Bestimmen – Beschreiben**

Herausgegeben in Zusammenarbeit mit dem Archäologischen Landesmuseum Baden-Württemberg, dem LVR-LandesMuseum Bonn und der Stiftung Historische Museen Hamburg – Archäologisches Museum Hamburg

Bayerische Studien zur Museumsgeschichte

Band 1: Gesa Büchert, **Schauräume der Stadtgeschichte. Städtische Heimatmuseen in Franken von ihren Anfängen bis zum Ende des Zweiten Weltkriegs**